A Revolução Alemã

FUNDAÇÃO EDITORA DA UNESP

Presidente do Conselho Curador
Mário Sérgio Vasconcelos

Diretor-Presidente
Jézio Hernani Bomfim Gutierre

Superintendente Administrativo e Financeiro
William de Souza Agostinho

Conselho Editorial Acadêmico
Danilo Rothberg
Luis Fernando Ayerbe
Marcelo Takeshi Yamashita
Maria Cristina Pereira Lima
Milton Terumitsu Sogabe
Newton La Scala Júnior
Pedro Angelo Pagni
Renata Junqueira de Souza
Sandra Aparecida Ferreira
Valéria dos Santos Guimarães

Editores-Adjuntos
Anderson Nobara
Leandro Rodrigues

Isabel Loureiro

A Revolução Alemã
1918-1923

Coleção Revoluções do Século XX
Direção de Emília Viotti da Costa

2ª edição revista

© 2020 Editora Unesp

Direitos de publicação reservados à:

Fundação Editora da Unesp (FEU)
Praça da Sé, 108
01001-900 – São Paulo – SP
Tel.: (0xx11) 3242-7171
Fax: (0xx11) 3242-7172
www.editoraunesp.com.br
www.livrariaunesp.com.br
atendimento.editora@unesp.br

Dados Internacionais de Catalogação na
Publicação (CIP) de acordo com ISBD
Elaborado por Vagner Rodolfo da Silva – CRB-8/9410

L862r

Loureiro, Isabel
   A Revolução Alemã 1918-1923 / Isabel Loureiro. – 2. ed. –
São Paulo: Editora Unesp, 2020.

   Inclui bibliografia.
   ISBN: 978-85-393-0826-2

   1. História. 2. Revolução Alemã 1918-1923. I. Título.

2020-160   CDD: 943.085
                              CDU: 94(43)"1918/1923"

Editora afiliada:

Asociación de Editoriales Universitarias
de América Latina y el Caribe

Associação Brasileira de
Editoras Universitárias

Apresentação da coleção

O século XIX foi o século das revoluções liberais; o XX, o das revoluções socialistas. O que nos reservará o século XXI? Há quem diga que a era das revoluções está encerrada, que o mito da Revolução que governou a vida dos homens desde o século XVIII já não serve como guia no presente. Até mesmo entre pessoas de esquerda, que têm sido através do tempo os defensores das ideias revolucionárias, ouve-se dizer que os movimentos sociais vieram substituir as revoluções. Diante do monopólio da violência pelos governos e do custo crescente dos armamentos bélicos, parece a muitos ser quase impossível repetir os feitos da era das barricadas.

Por toda parte, no entanto, de Seattle a Porto Alegre ou Mumbai, há sinais de que hoje, como no passado, há jovens que não estão dispostos a aceitar o mundo tal como se configura em nossos dias. Mas, quaisquer que sejam as formas de luta escolhidas, é preciso conhecer as experiências revolucionárias do passado. Como se tem dito e repetido, quem não aprende com os erros do passado está fadado a repeti-los. Existe, contudo, entre as gerações mais jovens, uma profunda ignorância desses acontecimentos tão fundamentais para a compreensão do passado e a construção do futuro. Foi com essa ideia em mente que a Editora Unesp decidiu publicar esta coleção. Esperamos que os livros venham a servir de leitura complementar aos estudantes do ensino médio, aos universitários e ao público em geral.

Os autores foram recrutados entre historiadores, cientistas sociais e jornalistas, norte-americanos e brasileiros, de posições políticas diversas, cobrindo um espectro que vai do centro até a esquerda. Essa variedade de posições foi conscientemente buscada. O que perdemos, talvez, em consistência, esperamos ganhar na diversidade de interpretações que convidam à reflexão e ao diálogo.

Para entender as revoluções no século XX, é preciso colocá-las no contexto dos movimentos revolucionários que se desencadearam a partir da segunda metade do século XVIII, resultando na destruição final do Antigo Sistema Colonial e do Antigo Regime. Apesar das profundas diferenças, as revoluções posteriores procuraram levar a cabo um projeto de democracia que se perdeu nas abstrações e contradições da Revolução de 1789, e que se tornou o centro das lutas do povo a partir de então. De fato, o século XIX assistiu a uma sucessão de revoluções inspiradas na luta pela independência das colônias inglesas na América e na Revolução Francesa.

Em 4 de julho de 1776, as treze colônias que vieram inicialmente a constituir os Estados Unidos da América declaravam sua independência e justificavam a ruptura do Pacto Colonial. Em palavras candentes e profundamente subversivas para a época, afirmavam a igualdade dos homens e apregoavam como seus direitos inalienáveis o direito à vida, à liberdade e à busca da felicidade. Afirmavam que o poder dos governantes, aos quais cabia a defesa daqueles direitos, derivava dos governados. Portanto, cabia a estes derrubar o governante quando ele deixasse de cumprir sua função de defensor dos direitos e resvalasse para o despotismo.

Esses conceitos revolucionários que ecoavam o Iluminismo foram retomados com maior vigor e amplitude treze anos mais tarde, em 1789, na França. Se a Declaração de Independência das colônias americanas ameaçava o sistema colonial, a Revolução Francesa viria pôr em questão todo o Antigo Regime, a ordem social que o amparava, os privilégios da aristocracia, o sistema de monopólios, o absolutismo real, o poder divino dos reis.

Não por acaso, a Declaração dos Direitos do Homem e do Cidadão, aprovada pela Assembleia Nacional da França, foi redigida pelo marquês de La Fayette, francês que participara das lutas pela independência das colônias americanas. Este contara com a colaboração de Thomas Jefferson, que se encontrava na França, na ocasião como enviado do governo americano. A Declaração afirmava a igualdade dos homens perante a lei. Definia como seus direitos inalienáveis a liberdade, a propriedade, a segurança e a resistência à opressão, sendo a preservação desses direitos o objetivo de toda associação política. Estabelecia que ninguém poderia ser privado de sua propriedade, exceto em casos de evidente necessidade pública legalmente comprovada e desde que fosse prévia e justamente indenizado. Afirmava ainda a soberania da nação e a supremacia da lei. Esta era definida como expressão da vontade geral e deveria ser igual para todos. Garantia a liberdade de expressão, de ideias e de religião, ficando o indivíduo responsável pelos abusos dessa liberdade, de acordo com a lei. Estabelecia um imposto aplicável a todos, proporcionalmente aos meios de cada um. Conferia aos cidadãos o direito de, pessoalmente ou por intermédio de seus representantes, participar na elaboração dos orçamentos, ficando os agentes públicos obrigados a prestar contas de sua administração. Afirmava ainda a separação dos poderes.

Essas declarações, que definem bem a extensão e os limites do pensamento liberal, reverberaram em várias partes da Europa e da América, derrubando regimes monárquicos absolutistas, implantando sistemas liberal-democráticos de vários matizes, estabelecendo a igualdade de todos perante a lei, adotando a divisão dos poderes (legislativo, executivo e judiciário), forjando nacionalidades e contribuindo para a emancipação dos escravos e a independência das colônias latino-americanas.

O desenvolvimento da indústria e do comércio, a revolução nos meios de transporte, os progressos tecnológicos, o processo de urbanização, a formação de uma nova classe social – o proletariado – e a expansão imperialista dos países europeus na África e na Ásia geravam deslocamentos, conflitos sociais e guerras em várias partes do mundo. Por toda parte os grupos excluídos defrontavam-se com novas oligarquias que não atendiam às suas necessidades e não respondiam aos seus anseios. Estes se extravasavam em lutas que visavam a tornar mais efetiva a promessa democrática que a acumulação de riquezas e poder nas mãos de alguns, em detrimento da grande maioria, demonstrara ser cada vez mais fictícia.

A igualdade jurídica não encontrava correspondência na prática; a liberdade sem a igualdade transformava-se em mito; os governos representativos representavam apenas uma minoria, pois a grande maioria do povo não tinha representação de fato. Um após outro, os ideais presentes na Declaração dos Direitos do Homem foram revelando seu caráter ilusório. A resposta não se fez tardar.

Ideias socialistas, anarquistas, sindicalistas, comunistas ou simplesmente reformistas apareceram como críticas ao mundo criado pelo capitalismo e pela liberal-democracia. As primeiras denúncias contra o novo sistema surgiram contemporaneamente à Revolução Francesa. Nessa época, as críticas ficaram restritas a uns poucos revolucionários mais radicais, como Gracchus Babeuf. No decorrer da primeira metade do século XIX, condenações da ordem social e política criada a partir da Restauração dos Bourbon na França fizeram-se ouvir nas obras dos chamados socialistas utópicos, como Charles Fourier (1772-1837), o conde de Saint-Simon (1760-1825), Pierre Joseph Proudhon (1809-1865), o abade

Lamennais (1782-1854), Étienne Cabet (1788-1856), Louis Blanc (1812-1882), entre outros. Na Inglaterra, Karl Marx (1818-1883) e seu companheiro Friedrich Engels (1820-1895) lançavam-se na crítica sistemática ao capitalismo e à democracia burguesa, e viam na luta de classes o motor da história e, no proletariado, a força capaz de promover a revolução social. Em 1848, vinha à luz o *Manifesto Comunista*, conclamando os proletários do mundo a se unirem.

Em 1864, criava-se a Primeira Internacional dos Trabalhadores. Três anos mais tarde, Marx publicava o primeiro volume de *O capital*. Enquanto isso, sindicalistas, reformistas e cooperativistas de toda espécie, como Robert Owen, tentavam humanizar o capitalismo. Na França, o contingente de radicais aumentara bastante, e propostas radicais começaram a mobilizar um número maior de pessoas entre as populações urbanas. Os socialistas, derrotados em 1848, assumiram a liderança por um breve período na Comuna de Paris, em 1871, quando foram novamente vencidos. Apesar de suas derrotas e múltiplas divergências entre os militantes, o socialismo foi ganhando adeptos em várias partes do mundo. Em 1873, dissolvia-se a Primeira Internacional. Marx faleceu dez anos mais tarde, mas sua obra continuou a exercer poderosa influência. O segundo volume de *O capital* saiu em 1885, dois anos após sua morte, e o terceiro, em 1894. Uma nova Internacional foi fundada em 1889. O movimento em favor de uma mudança radical ganhava um número cada vez maior de participantes, em várias partes do mundo, culminando na Revolução Russa de 1917, que deu início a uma nova era.

No início do século XX, o ciclo das revoluções liberais parecia definitivamente encerrado. O processo revolucionário, agora sob inspiração de socialistas e comunistas, transcendia as fronteiras da Europa e da América para assumir caráter mais universal. Na África, na Ásia, na Europa e na América, o caminho seguido pela União Soviética alarmou alguns e serviu de inspiração a outros, provocando debates e confrontos internos e externos que marcaram a história do século XX, envolvendo a todos. A Revolução Chinesa, em 1949, e a Cubana, dez anos mais tarde, ampliaram o bloco socialista e forneceram novos modelos para revolucionários em várias partes do mundo.

Desde então, milhares de pessoas pereceram nos conflitos entre o mundo capitalista e o mundo socialista. Em ambos os lados, a historiografia foi profundamente afetada pelas paixões políticas suscitadas por ambos os blocos e deturpada pela propaganda. Agora, com o fim da Guerra Fria, o desaparecimento da União Soviética e a participação da China em instituições até recentemente controladas pelos países capitalistas, talvez seja possível dar início a uma reavaliação mais serena desses acontecimentos.

Esperamos que a leitura dos livros desta coleção seja, para os leitores, o primeiro passo numa longa caminhada em busca de um futuro em que liberdade e igualdade sejam compatíveis, e a democracia, a sua expressão.

Emília Viotti da Costa

Sumário

Lista de abreviaturas *15*

Lista de organizações políticas *17*

Introdução *21*

1. O *Kaiserreich*: economia, política e cultura *25*

2. Revolução de 1918-1919: a fase moderada *47*

3. Janeiro de 1919-março de 1920: a fase radical *95*

4. Da "ação de março" de 1921 ao "outubro alemão" de 1923: a derrota dos comunistas *153*

5. Conclusão *205*

Bibliografia *213*

Lista de abreviaturas

BVP	Partido Popular Bávaro
Central (*Zentrale*)	central, direção do Partido Comunista
Comitê Central (*Zentralausschuss*)	organismo mais amplo de direção do Partido Comunista que compreendia os representantes das diferentes regiões
DDP	Partido Democrata Alemão
DNVP	Partido Nacional Popular Alemão
DVP	Partido Popular Alemão
IC	Internacional Comunista (ou Terceira Internacional)
KPD	Partido Comunista da Alemanha
NSDAP	Partido Nacional-Socialista dos Trabalhadores Alemães (Partido Nazista)
SA	(*Sturmabteilung*): Divisões de Assalto do Partido Nazista
SPD	Partido Social-Democrata Alemão
SS	(*Schutzstaffel*): Tropas de Proteção, encarregadas primeiramente da proteção de Hitler, dedicaram-se principalmente aos campos de concentração e extermínio e à espionagem
USPD	Partido Social-Democrata Alemão Independente

Lista de organizações políticas

1918

Esquerda

Partido Social-Democrata Alemão (SPD): liderado por Friedrich Ebert, Philipp Scheidemann, Otto Landsberg, Hermann Müller.

Partido Social-Democrata Alemão Independente (USPD): ala direita liderada por Hugo Haase, Wilhelm Dittmann, Karl Kautsky, Eduard Bernstein, Rudolf Breitscheid; ala esquerda: Georg Ledebour, Ernst Däumig, Luise Zietz, Emil Eichhorn, Kurt Eisner (na Baviera).

Liga Spartakus: ala do USPD até 30 de dezembro de 1918, quando se torna o *Partido Comunista da Alemanha* (KPD). Líderes: Karl Liebknecht, Rosa Luxemburgo, Franz Mehring, Clara Zetkin, Wilhelm Pieck, Otto Rühle, Hugo Eberlein, Ernst Meyer, Hermann Duncker, Paul Levi.

Delegados revolucionários (*Revolutionäre Obleute*): liderados por Richard Müller, Emil Barth, Paul Scholze. Organismo nascido nas fábricas de Berlim nos primeiros anos da Primeira Guerra Mundial.

Centro

Centro (*Zentrum*): partido católico fundado em 1870. Principal líder: Matthias Erzberger.

Partido do Progresso Alemão (*Deutsche Fortschrittspartei*): fundado em 1870, representava sobretudo a ala esquerda dos liberais. Líderes: Friedrich von Payer, Conrad Haussmann.

Centro-direita

Partido Nacional-Liberal (*Nationalliberale Partei*): fundado em 1867. Líder: Gustav Stresemann.

A partir de 1919

Direita

Partido Nacional Popular Alemão (*Deutschnationale Volkspartei* – DNVP): principal partido em 1919. Seus membros são monarquistas, antissemitas, que representam os grandes proprietários de terras, os altos funcionários, oficiais, alguns industriais e, sobretudo no Leste, uma parte das classes médias.

Partido Popular Alemão (*Deutsche Volkspartei* – DVP): substitui em parte o Partido Nacional-Liberal. Representa os interesses do grande capital (bancos e indústria pesada). Líderes: Gustav Stresemann, Hjalmar Schacht e Fritz Thyssen.

Centro

Centro (*Zentrum*): tem uma fração democrática, liderada por Matthias Erzberger e Joseph Wirth, que exprime principalmente os interesses dos operários católicos e dos pequenos camponeses da Renânia e da Alemanha do Sul. Mas aos poucos é dominado pela ala direita.

Partido Popular Bávaro (*Bayerische Volkspartei* – BVP): denominação local do *Zentrum* católico.

Partido Democrata Alemão (*Deutsche Demokratische Partei* – DDP): resultado de uma fusão entre o Partido do Progresso e uma parte do Partido Nacional-Liberal. Representa os interesses da burguesia liberal e da pequena burguesia. Cada vez menos importantes, são a favor da República. Líderes: Hugo Preuss, Alfred Weber (irmão de Max Weber) e Theodor Wolff, redator-chefe do *Berliner Tageblatt*.

Extrema direita

Partido Nacional-Socialista dos Trabalhadores Alemães ou *Partido Nazista* (*Nationalsozialistische Deutsche Arbeiterpartei* – NSDAP): fundado em 1920, refundado em fevereiro de 1925. Líder: Adolf Hitler.

Introdução

Nós, alemães, compartilhamos das restaurações das nações modernas sem que tenhamos participado de suas revoluções.

Marx, *Ausgewahlte Werbe*

Na Alemanha, as condições para uma revolução eram de fato melhores que na Rússia, onde só existia terra plana com camponeses, e aqui havia cidades e indústria, e um operariado educado e organizado. Por que não deveria acontecer na Alemanha o que aconteceu na Rússia?

Döblin, *Karl und Rosa: November 1918*

De 1918 a 1923, a Alemanha foi palco da primeira revolução numa sociedade industrial desenvolvida. Depois da Revolução Russa em 1917, pela primeira vez pareciam possíveis as perspectivas de uma vitória do socialismo no Ocidente. Mas, contrariamente ao que ocorreu na Rússia, a Revolução Alemã fracassou, e a vitória das forças conservadoras acabou por pavimentar o caminho para a queda da República e a ascensão do nazismo.

Poucos períodos históricos no século XX suscitaram tanto interesse por parte dos estudiosos quanto os anos que precederam a vitória de Hitler, a chamada República de Weimar (1919-1933). Foram tempos de grande efervescência cultural e política, em que a Alemanha imperial passou por profundas transformações, as quais, porém, não bastaram para liquidar os resquícios do antigo regime. A sociedade alemã precisou de duas guerras mundiais e da barbárie nazista para finalmente abandonar o *Sonderweg* (caminho particular) e entrar no círculo das democracias ocidentais, o que o historiador Heinrich August Winkler denominou "longo caminho para o Ocidente". Não se pressupõe aqui nenhum juízo de valor, no sentido de transformar em modelo a democracia parlamentar – hoje mais que nunca apenas uma máscara para a acumulação do capital –, embora seja perfeitamente compreensível que a experiência do nazismo tenha tornado desejável, por parte dos alemães, a aceitação dos valores democráticos do Ocidente.

Depois da Segunda Guerra Mundial, os historiadores alemães procuraram responder a estas perguntas cruciais: Como foi possível a chegada de Hitler ao poder? O caminho da catástrofe poderia ter sido evitado? Uma das pesquisas mais esclarecedoras, com vistas a oferecer resposta a essas questões, foi realizada a partir dos anos 1960 por historiadores como Eberhard Kolb e o próprio Winkler e lançou luz sobre papel dos conselhos na chamada *Novemberrevolution* (Revolução de Novembro) de 1918-1919. Ela mostra, a partir de exaustivas fontes primárias, que, apesar das peculiaridades da formação social do país, a ascensão de Hitler não era, para retomarmos o título do livro de Ernst Niekisch, "uma fatalidade alemã". Eis uma boa razão para revisitar essa revolução derrotada.

Mas, se ela não bastasse, haveria ainda uma outra. Esse período mostra em filigrana de que modo as divergências teóricas e práticas no campo da esquerda alemã – que culminaram no assassinato dos dois líderes da extrema esquerda, Rosa Luxemburgo e Karl Liebknecht, no dia 15 de janeiro de 1919 – deram origem a uma guerra civil perversa, que abriria um abismo insuperável entre socialistas "moderados" e "radicais", levando ao fortalecimento e à vitória da contrarrevolução nazista.

Lembrar não só os vitoriosos, mas também, como quer o historiador inglês Edward Palmer Thompson, os "becos sem saída, as causas perdidas e os próprios perdedores", é um modo de recuperar as esperanças do passado. Delas fazem parte os conselhos de trabalhadores e soldados, que Hannah Arendt considerava o "tesouro perdido" da tradição revolucionária. Após a queda do Muro de Berlim e o colapso dos países comunistas, quando grande parte da esquerda mundial aderiu alegremente à *Realpolitik*, vale a pena refletir sobre um momento da história em que a utopia socialista ainda não havia sido atirada ao depósito das coisas inúteis.

Sem querer – nem poder – entrar no campo minado das controvérsias historiográficas, não resta dúvida de que o século XX alemão, e em particular o período que vai do imediato pós-Primeira Guerra Mundial até a derrota definitiva do movimento revolucionário em outubro de 1923, só pode ser entendido se retrocedermos à segunda metade do século XIX, quando são criadas as estruturas da Alemanha moderna.

Comecemos com um lugar-comum que tem livre circulação desde o século XVIII e que em seguida é retomado por Marx e por um número considerável de estudiosos da história da Alemanha: o tema do atraso econômico, político e intelectual do país em comparação com a Inglaterra e outras nações da Europa continental que haviam feito a revolução burguesa. A servidão predominava, a ponto de alguns príncipes ainda venderem seus súditos a países estrangeiros como soldados mercenários; uma censura severa reprimia qualquer sinal de resistência. A burguesia alemã, dispersa em cerca de trezentos territórios com interesses divergentes, não tinha força para unificar em torno de seu programa as outras camadas sociais que se opunham a uma nobreza arrogante, detentora de privilégios grotescos já eliminados nas nações do outro lado do Reno pelas revoluções burguesas. A nobreza reinava sem oposição.

Era contra a "brutal mediocridade" dessa sociedade estamental, "abaixo do nível da história", que Marx defendia, em 1843, uma solução radical. Na sua análise, o descompasso do país com o presente apresentava uma oportunidade histórica rara. Não se tratava de repetir o modelo moderado das revoluções democrático-burguesas limitadas à mudança política, precisamente porque na Alemanha não existia uma burguesia capaz de ser sujeito dessa revolução, mas de investir em uma revolução social que seria levada a cabo pelo proletariado nascente. Essa era a única alternativa ao cortejo de misérias decorrentes do capitalismo que começava a implantar-se na Alemanha.

O prognóstico de Marx pareceu em vias de realizar-se em duas ocasiões: a primeira durante a vaga revolucionária que agitou a Europa em 1848 e se encarnou na Alemanha num forte movimento liberal e democrático que reivindicava um Estado democrático-parlamentar, direitos e liberdades civis, tudo isso ligado à palavra de ordem de unificação do país. No interior desse movimento protagonizado pela burguesia, uma fração mais radical advogava, além da soberania do povo, a igualdade social; em outras palavras, mudanças sociais profundas, visando a abolir a sociedade de classes, origem da miséria do proletariado que começava a surgir. A questão social era, já nessa época, motivo de inquietação. Mas a alta burguesia, temendo o radicalismo do povo (operários e burguesia democrata), abandonou seus antigos aliados. No primeiro semestre de 1849, os soldados prussianos aniquilaram os revolucionários que tinham esperado criar, no verão de 1848, uma nação democrática.

A segunda ocasião em que o prognóstico de Marx parecia prestes a realizar-se surgiu no final da Primeira Guerra Mundial, no período que vai de 1918 a 1923. Porém, mais uma vez, venceu o "partido da ordem" contra as forças da democracia radical. As razões dessa derrota, que deixou marcas indeléveis na esquerda do século XX, são o que o leitor verá a seguir.

1. O *KAISERREICH*: ECONOMIA, POLÍTICA E CULTURA

Na Alemanha da segunda metade do século XIX, existiam dois projetos políticos em disputa: um, liberal e democrático; o outro, militarista e reacionário. Com a derrota, em 1849, do ideal de uma Alemanha democrática, as elites conservadoras da Prússia – nobreza, burocracia, militares –, que haviam participado, com a Áustria, da repressão à revolução, lideradas por Bismarck (ministro-presidente da Prússia a partir de 1862 e chanceler do Reich desde 1871), passam a comandar militarmente o processo de unificação nacional. A maior parte da burguesia alemã se une em torno de Bismarck, inimigo declarado do liberalismo desde 1848, para que ele realize a unidade do país tornada indispensável pelo desenvolvimento das forças produtivas. De 1850 a 1870, a Alemanha – principalmente a Prússia, mas também os pequenos principados e cidades livres que em seguida formariam o Estado alemão – experimenta um rápido desenvolvimento econômico, o que permite criar condições para a unificação nacional. Esta, por sua vez, favorece o desenvolvimento econômico. Agora, no entanto, em vez de ser fruto de um movimento liberal e democrático, a unificação é feita pelo alto, pela diplomacia e pela guerra.

De 1862 a 1871, a Prússia anexou principados e cidades livres e obteve algumas vitórias militares contra a Áustria, a Dinamarca e a França (1870-1871). Com isso, a Alemanha se tornou rapidamente a principal potência da Europa continental, na forma de uma confederação sob a hegemonia da Prússia conservadora. Depois da vitória sobre a França, nascia da guerra e do sangue o Estado nacional alemão, o *Kaiserreich*, fortemente marcado pelo espírito militar e autoritário da aristocracia agrária prussiana. Isso ocorreu no dia 18 de janeiro de 1871, quando Guilherme (1797-1888), rei da Prússia, aceitou em Versalhes o título de "imperador alemão".

Desde então, a política alemã tornou-se claramente belicista, não se limitando mais a defender as fronteiras nacionais, mas exigindo a anexação de territórios, a começar pela Alsácia-Lorena, eterno espinho na garganta dos franceses. Em outras palavras, os *Junker* prussianos, nobres proprietários de terras, conseguiram impor à sociedade alemã seu modelo político-institucional militar e autoritário – apoiados por parte da burguesia liberal –, que internamente não oferecia condições para o enraizamento de uma tradição revolucionária democrática e, externamente, representava uma ameaça para seus vizinhos europeus.

Esse compromisso entre nobreza agrária prussiana e burguesia deu à Alemanha moderna uma configuração peculiar. O diagnóstico de Marx em 1867, no prefácio à primeira edição do primeiro volume de *O capital*, ao retomar o tema do desenvolvimento "desigual e combinado", resume de modo preciso a configuração social alemã:

> Onde a produção capitalista se implantou plenamente entre nós, por exemplo, nas fábricas propriamente ditas, as condições são muito piores do que na Inglaterra, pois falta o contrapeso das leis fabris. Em todas as outras esferas tortura-nos – assim como em todo o resto do continente da Europa Ocidental – não só o desenvolvimento da produção capitalista, mas também a carência do seu desenvolvimento. Além das misérias modernas, oprime-nos toda uma série de misérias herdadas, decorrentes do fato de continuarem vegetando modos de produção arcaicos e ultrapassados, com o seu séquito de relações sociais

e políticas anacrônicas. Somos atormentados não só pelos vivos, como também pelos mortos. (Marx, 1983, p.12)

O predomínio da Prússia no processo de unificação da Alemanha também teve sérias consequências no plano cultural. Em contraste com os países do outro lado do Reno, a sociedade alemã se formou num ambiente dominado pela tradição militar de comando e obediência – e pela glorificação da força. O Exército era um organismo privilegiado; e seus membros, cidadãos que gozavam de prerrogativas, como a que dava a um subtenente prussiano o direito de exigir que um civil lhe cedesse o lugar na calçada. A virtude primeira do soldado, a disciplina, se estendia a todos os cidadãos. Um exemplo gritante da mentalidade militar do Segundo Império era o das confrarias estudantis universitárias (*Burchenschaft*), impregnadas de espírito semifeudal. O estudante candidato à confraria precisava passar pela prova do duelo, demonstração de honra e coragem em que cada concorrente sofria um corte no rosto e cujo resultado, visto como uma distinção de classe, era uma cicatriz ostensiva e permanente. Na passagem do século, até mesmo as confrarias estudantis liberais viraram adeptas dessa prática ridícula. Fazer parte de uma confraria significava adesão ao espírito aristocrático e conservador do império.

O *Kaiserreich* era assim uma sociedade formada por indivíduos disciplinados, treinados para obedecer às ordens do alto sem questioná-las, como exigia o imperador Guilherme II (1859-1941) em 1891, em Potsdam, dirigindo-se aos recrutas na hora do juramento:

> Os senhores juraram-me fidelidade; isso significa que os senhores são meus soldados [...]. Dada a agitação socialista atual, é possível que eu lhes ordene que atirem em membros da sua família, irmãos ou até mesmo pais. Mas, mesmo então, será preciso que os

senhores executem minhas ordens sem nenhum murmúrio. (Badia, 1975, p.50)

Não por acaso, os estudiosos da época são unânimes ao apontar no alemão médio traços de submissão e servilismo em relação aos de cima, algo que era compensado pela agressividade com os de baixo. É com essa matéria-prima psíquica que será moldada mais tarde a massa amorfa dos "pequenos nazistas".

Além disso, a Alemanha imperial tinha também os traços de uma sociedade patriarcal – pelo código civil, as mulheres e os filhos eram subordinados ao marido. Com muita luta, as mulheres conseguiram, desde o começo do século XX – o movimento feminista organizado data do fim do século XIX –, ter acesso ao ensino superior científico e ao mercado de trabalho, embora recebessem salários 30% a 40% inferiores aos dos homens. Só a partir de 1908 foi permitido às mulheres participar da vida política partidária. Uma das peculiaridades do movimento feminista consistia em que a luta pela igualdade de direitos civis e políticos não se separava de uma certa imagem da mulher, fundamentada na feminilidade e no sentimento materno. Aliás, a grande época do movimento feminista burguês, representado pela Federação Feminina Alemã (*Bunddeutscher Frauenverein*), fundada em 1894, acabou com a Revolução de 1918, quando as mulheres obtiveram o direito de votar e ser votadas. No caso do movimento feminista proletário, liderado pela militante social-democrata (e mais tarde comunista) Clara Zetkin, com sua crítica à estrutura familiar patriarcal, as coisas eram bem mais complicadas. A libertação das mulheres estava vinculada à abolição do capitalismo, o que implicava uma luta pela transformação estrutural da sociedade, não apenas por mudanças formais.

A modernização rápida do país revelava outra peculiaridade do comportamento local: o alemão, numa atitude compensatória, enxergava a si mesmo como um ser superior, portador da "cultura", identificado com os valores elevados do espírito e contra o materialismo da "civilização" ocidental, o qual era percebido como destruidor da pacata vida tradicional. Thomas Mann, em seu primeiro romance, *Os Buddenbrook*, ao fazer a crônica da decadência de uma família da alta burguesia do Norte da Alemanha, simboliza no artista Hanno, o último varão da linhagem, a recusa ao mundo pragmático encarnado na ideia de progresso material do Ocidente. Essa suposta superioridade germânica, que exaltava a "comunidade" tradicional, "orgânica", em contraposição à "sociedade" composta de indivíduos alienados, produto da modernização capitalista, acabou se traduzindo, na época do nazismo, na oposição entre Estado autoritário e democrático: o primeiro, visto como o único capaz de proteger a "cultura" germânica da decadente "civilização" ocidental, expressa pelo segundo.

Em 1890, Guilherme II inaugurou uma fase de política expansionista. A fim de concorrer com a Inglaterra, aumentou a frota naval com o objetivo de conquistar mercados para a economia alemã, o que ficou conhecido como *Weltpolitik* (política mundial ou imperialista). Teve apoio entusiástico da direita, que se organizou na Liga Pangermanista (*Alldeutscher Verband*), fundada em 1891, que contava entre seus membros numerosos industriais, professores universitários, generais, jornalistas, políticos, e cuja tarefa era difundir entre o povo as ideias de conquista. Acreditava-se que as virtudes de um povo que se considerava superior, dotado dos melhores generais e dos homens mais cultivados, lhe davam o direito de aumentar seu "espaço vital" por meio de conquistas. Essa ideologia, difundida pelos discursos do imperador e os cursos do historiador nacionalista (e antissemita) Heinrich von Treitschke, penetrou fundo na população. O nacionalismo exaltado, beirando o chauvinismo, aliado a um antissemitismo difuso (os judeus sendo identificados como grosseiros acumuladores de dinheiro), deitou profundas raízes na sociedade alemã.

Em resumo, a Alemanha do *Kaiserreich*, desde sua criação (1871) até a Primeira Guerra Mundial (1914), enfrentava todos os problemas de uma sociedade industrial-capitalista pouco desenvolvida, e tentava resolvê-los nos limites das estruturas de poder herdadas do passado, de tal maneira que os privilégios das antigas elites não fossem questionados. Na verdade, os grupos dirigentes queriam a industrialização sem as inovações políticas correspondentes: a Alemanha do Segundo Império era um Estado moderno industrializado numa velha casca política autoritária e semifeudal.

Daí resultaram as enormes dificuldades para a formação da Alemanha moderna que estão na origem dos acontecimentos posteriores. Para a social-democracia, essa formação social peculiar representava um problema complicado. Democratizar um país no qual as estruturas repressivas eram um obstáculo implicava que toda revolução política tendia a ser também uma revolução social. Ao mesmo tempo, os conflitos entre capital e trabalho acabavam mascarados como problemas de participação política.

A questão social, como já observamos, era um problema da Europa industrializada do século XIX. A social-democracia nasceu e se desenvolveu tendo como alvo de suas críticas a pobreza crescente dos trabalhadores. Bismarck, para combater a social-democracia, a qual via como força desestabilizadora – costumava dizer que "contra os social-democratas só servem os soldados" –, usou todas as armas ao seu alcance, de medidas de política social, ainda que limitadas, para a classe trabalhadora (seguro contra doença, acidentes, amparo à velhice) até a lei de exceção contra os socialistas (1878-1890). Sua política ilustra bem a frase de Lampedusa:

"é preciso mudar alguma coisa para que tudo continue como está".

Em uma palavra, a Prússia marcou a Alemanha com seu rosto de Jano bifronte: uma burguesia triunfante, mais voltada para o lucro que para os "estéreis" debates parlamentares, e os grandes proprietários de terra a leste do Elba, cujas arrogância e força militar a Europa temia desde os anos 1860.

A Constituição do país exprimia essa duplicidade. O *Kaiserreich* era um Estado federal, formado por 25 *Länder*: desde a Prússia, com mais da metade da população e quase a totalidade dos recursos naturais e da metalurgia, até pequenos principados de 50 mil habitantes, passando pela Baviera, Saxônia e Württemberg, com alguns milhões de habitantes, mais as três "cidades livres" de Hamburgo, Bremen e Lübeck. Cada um desses Estados conservou sua Constituição. A Prússia tinha seu rei, que era também imperador da Alemanha. Baviera, Saxônia e Württemberg tinham reis; Baden e Hesse, grão-duques; e as cidades livres tinham seu Senado. Cada um desses Estados tinha um sistema eleitoral próprio e elegia um Parlamento local, o *Landtag*. O da Prússia era eleito por um sistema de três "classes", divididas segundo os bens dos eleitores. O exemplo clássico é dado por um fabricante de salsichas e único eleitor de primeira classe na 58ª seção eleitoral de Berlim, que em 1903 constituía sozinho uma classe.

O poder executivo estava nas mãos do imperador (*Kaiser*) e do chanceler, que respondia somente ao primeiro. O poder legislativo era exercido na esfera do Reich pelo Conselho Federal (*Bundesrat*), formado por delegados dos 25 *Länder*, mas na prática dominado pela Prússia e pelo Parlamento (*Reichstag*), eleito pelo sufrágio universal masculino. Os poderes do *Reichstag* eram limitados – ele não podia propor leis, não podia votá-las sem a concordância do *Bundesrat* e não podia destituir o chanceler, mesmo que o pusesse em minoria, uma vez que este só respondia ao imperador.

Embora o *Reichstag* fosse aparentemente democrático, os deputados, na prática, tinham pouco poder e, no limite, podiam apenas expressar suas opiniões. Além disso, na medida em que não eram remunerados, só quem possuía meios financeiros era atraído por essa carreira. Como enfatizou o sociólogo alemão Max Weber, quem quer que aspirasse de fato ao poder desdenharia o Parlamento.

A verdade é que nada era possível no Reich sem o acordo do governo da Prússia, eleito pelo voto das três classes, o que significava, na prática, o domínio da aristocracia militar *Junker*, com seu arrogante espírito de casta que se estendia às Forças Armadas e à burocracia estatal. Os funcionários federais eram na maioria prussianos, dotados do mesmo espírito autoritário e orgulhoso dos chefes militares. Não por acaso, Marx, numa fórmula epigramática, assim caracterizava o *Kaiserreich*:

> [...] um Estado que não passa de um despotismo militar, com uma armadura burocrática e blindagem policial, adornado de formas parlamentares, com misturas de elementos feudais e de influências burguesas. (*Crítica ao Programa de Gotha*, 1875)

Essa estrutura política era um anacronismo em relação ao desenvolvimento da sociedade do país, a qual, de 1871 a 1914, sofrera uma série de mudanças que a transformaram radicalmente. A população passou de 41 milhões para 67 milhões de habitantes, enquanto na França a população aumentou de 36 milhões para 40 milhões. Ao mesmo tempo, ocorreu um acelerado processo de urbanização: enquanto em 1841 um terço da população vivia nas cidades, em 1910 essa proporção tinha aumentado para dois terços. Os jovens abandonavam o campo em busca de oportunidades nos centros industriais. A capital do Reich, Berlim, passou de 700 mil habitantes em 1867 para 4 milhões em 1913. Num total de 44 milhões de pessoas, a grande maioria (66%), segundo dados de 1913-1914, pertencia à classe trabalhadora. O aumento da população e o crescimento industrial levaram à formação de uma classe operária concentrada em indústrias de ponta, como siderurgia, química e eletricidade. A cidade cresceu rapidamente e se encheu de edifícios pomposos, de gosto duvidoso, e de prédios populares, com pátios internos mal iluminados onde brincavam os filhos dos operários. Embora alguns projetos habitacionais oferecessem acomodações razoáveis para a classe trabalhadora, o fato é que a maior parte vivia em péssimas condições.

Os historiadores são unânimes em reconhecer que a Alemanha se transformou, no espaço de algumas décadas, numa das maiores potências industriais do mundo. Porém, como alerta Arno Mayer, não se pode esquecer o peso da agricultura (apesar de seu irrefutável declínio econômico perante o crescimento da grande indústria) na sociedade alemã anterior à Primeira Guerra Mundial. Segundo ele, a Europa como um todo (com exceção da Inglaterra), e a Alemanha em particular, ainda era, no início do século XX, predominantemente rural e agrária, mais do que urbana e industrial.

Embora a Alemanha estivesse à frente do restante da Europa no que se refere à industrialização e à urbanização, 40% da população alemã, em 1907, ainda morava em aldeias e vilas com menos de 10 mil habitantes, e 40% da força de trabalho dedicava-se à terra, produzindo 20% da renda nacional. Os pequenos proprietários concentravam-se no Oeste e no Sul do país, enquanto nas grandes propriedades a leste do rio Elba o grosso da população camponesa era constituído de trabalhadores sem-terra, assalariados ou arrendatários da nobreza agrária. Era basicamente entre os camponeses e a classe média baixa que a Igreja Católica recrutava seus fiéis. A terra e a agricultura forneciam sua base material, a maioria das paróquias concentrando-se nas aldeias e vilas de província. A influência da Igreja Católica na Baviera, em que predominavam os pequenos proprietários, era notória.

A modernização capitalista na Europa criava tamanha desigualdade que até a Igreja Católica foi obrigada a se pronunciar sobre a questão social. O papa Leão XIII (1878-1903), na encíclica *Rerum novarum* (1891), criticava os excessos do liberalismo econômico (em particular a usura, os grandes lucros e as grandes fortunas) e lamentava a miséria e a superexploração dos trabalhadores. Mas, ao mesmo tempo, atacava o socialismo e os sindicatos, exortando a classe trabalhadora a não entrar em greve e a revitalizar as corporações artesanais como forma de enfrentar os abusos do capitalismo.

Para não incorrer na ira do Vaticano – sobretudo sob o papado conservador de Pio X (1903-1914) –, na Alemanha o partido do centro (*Zentrum*, criado em dezembro de 1870) e os sindicatos católicos procuravam de forma bem moderada melhorar a existência dos trabalhadores católicos. A propaganda socialista era combatida por meio de clubes apolíticos que se dedicavam a tarefas assistencialistas, religiosas, culturais, mas não conseguiam competir com os centros culturais e esportivos criados pela social-democracia. O pavor do socialismo fazia, inclusive, que em algumas regiões do país os patrões se unissem aos sindicatos católicos contra os sindicatos dominados pela social-democracia.

A Igreja Católica, perseguida na época de Bismarck, era menos intimamente ligada ao império que a Igreja Protestante, cujos vínculos ancestrais com os príncipes remontavam à Reforma de Lutero. Tanto que Guilherme I passou a ser visto como "o iniciador de uma nova história, o fundador do Império Evangélico de nação germânica".

Em particular na Alemanha do Norte e do Leste, o protestantismo apegava-se à unidade do trono e do altar, à ideia do príncipe concebido como *summus episcopus*. Quando o edifício institucional da monarquia desmoronou no final de 1918, os protestantes – mas também a alta hierarquia da Igreja Católica – enveredaram por um caminho nacionalista e reacionário, em clara hostilidade à República.

Como vemos, apesar da rápida e crescente modernização, a sociedade alemã era ainda predominantemente conservadora – ou seja, avessa a mudanças radicais.

Social-democracia e movimento operário

A integração de grande parte da burguesia ao sistema dominante fez que a classe operária e suas organizações se tornassem o centro da oposição. A social-democracia aglutinou à sua volta um conjunto de forças e setores sociais que por razões diversas rejeitavam o *Kaiserreich*. No entanto, é preciso matizar essa caracterização lembrando o que disse Norbert Elias, importante estudioso da formação da sociedade alemã:

> [...] o hábito de muitos séculos tinha produzido uma tradição de atitudes e crenças que estava afinada com um forte governo de cima para baixo, com pouquíssima participação de todos os governados. (Elias, 1997, p.300)

Numa situação histórica em que a impotência das forças populares foi o principal obstáculo para uma configuração democrática da vida política, não é de estranhar que as tendências gerais do desenvolvimento do país repercutissem sobre o movimento operário alemão e suas organizações, como veremos no decorrer desta exposição.

Para começar, tracemos um quadro rápido das origens e do desenvolvimento da social-democracia alemã.

Em 1863, Ferdinand Lassalle (1825-1864) cria a Associação Geral dos Trabalhadores Alemães (*Allgemeiner Deutscher Arbeiterverein* – ADAV). Em 1869, August Bebel (1840-1913) e Wilhelm Liebknecht (1826-1900) fundam em Eisenach o Partido Operário Social-Democrata Alemão (*Sozialdemokratische Arbeiterpartei Deutschlands* – SDAP), cujos programa e estatutos foram elaborados por Bebel com bases marxistas. O nome Partido Social-Democrata Alemão (*Sozialdemokratische Partei Deutschlands*, SPD), com o qual entrou para a história, só foi adotado em 1890.

Lassalle tinha uma concepção estatista da política vivamente criticada por Marx e Engels. Os principais objetivos da sua organização eram, na esfera política, o sufrágio universal e, na esfera econômica, a criação de cooperativas de produção financiadas pelo Estado, visto como um organismo acima dos interesses privados. O fim da propriedade privada não estava no horizonte. Lassalle era a favor da unificação alemã sob a direção da Prússia e defendia uma organização operária centralizada.

Em contrapartida, o partido de Bebel e Liebknecht (que tinham convivido com Marx e Engels) era socialista, internacionalista, criticava a unificação alemã sob hegemonia da Prússia e defendia uma organização política constituída de baixo para cima, com órgãos de direção colegiados e uma grande comissão de controle, com o fim de impedir o exercício pessoal do poder. O programa aprovado no Congresso de Eisenach, proposto por Bebel, defendia posturas "marxistas": a luta da classe operária não visava a nenhum tipo de privilégio, mas à abolição da dominação de classe; a emancipação dos trabalhadores deveria ser obra dos próprios trabalhadores.

Em 1875, no Congresso de Gotha (56 delegados "marxistas" e 73 lassalleanos, que obtiveram a maioria na presidência), as duas organizações se uniram e adotaram um programa reformista, centrado nas reivindicações imediatas: sufrágio universal, voto secreto, liberdades democráticas e melhoria das condições de vida dos trabalhadores pela via parlamentar. Para grande aborrecimento de Marx e Engels, o programa de Gotha, com uma série de concessões aos lassalleanos, não fazia referência à revolução, ao caráter de classe do Estado, nem à análise de Marx do desenvolvimento capitalista.

Nas eleições gerais de 1877, a social-democracia obteve 500 mil votos e, com seus doze deputados eleitos para o *Reichstag*, tornou-se o quarto partido político do Reich. Contra o perigo representado pela social-democracia, Bismarck fez promulgar a lei de exceção (21 de outubro de 1878), que proibia o funcionamento das associações e a publicação dos jornais socialistas. Apenas um exemplo: na Prússia, de outubro de 1879 a novembro de 1880, mais de 11 mil pessoas foram presas por motivos políticos. Foi a fase heroica da social-democracia alemã, que, apesar da repressão e das medidas de política social com o objetivo de afastar os operários do socialismo, sobreviveu e cresceu camuflada em associações eleitorais e culturais diversas. De 1887 a 1890, a social-democracia duplicou seus votos, levando 35 deputados ao *Reichstag*. Quando Bismarck quis prorrogar a lei de exceção e fortalecê-la, o *Reichstag* recusou, e o partido voltou à legalidade, com 1,5 milhão de eleitores (18% do total).

Em 1891, no Congresso de Erfurt, foi adotado um novo programa, em vigor até o início da Primeira Guerra Mundial. Esse programa exprimia claramente o compromisso entre revolucionários e reformistas que desde o início caracterizou o SPD. O programa de Erfurt foi elaborado principalmente por Karl Kautsky, ex-secretário de Engels e teórico oficial da social-democracia alemã e internacional. Com seus objetivos revolucionários em longo prazo (conquista do poder político para realizar o socialismo) e os objetivos imediatos (reformas políticas, econômicas e sociais), que visavam consolidar o poder político e econômico do movimento operário, elevando a consciência de classe dos trabalhadores, o programa de Erfurt criava uma dicotomia entre reforma e revolução que acompanharia a teoria e a prática da social-democracia durante décadas.

Embora no plano teórico os marxistas ortodoxos defensores dos objetivos revolucionários tenham levado a melhor, o fato é que, na prática, o reformismo dominava o partido. A primeira vez que ele veio conscientemente à tona foi por ocasião do debate suscitado em 1898 pelas teses "revisionistas" de Eduard Bernstein, amigo de Engels e organizador da imprensa ilegal na época das leis antissocialistas. Fazendo uma análise empírica do desenvolvimento capitalista na Europa, Bernstein mostrava que as dificuldades econômicas anteriores (período que ficou conhecido como a Grande Depressão) haviam sido superadas graças ao progresso tecnológico, à expansão do mercado mundial e ao fim da repartição das colônias entre os países europeus. E concluía dessa análise que a nova fase do capitalismo mostrava a inadequação da velha estratégia, baseada na iminência do colapso do sistema, e também a necessidade de rever a dialética marxista. Nessa linha de raciocínio, o SPD devia dedicar-se a lutar pela melhoria das condições de vida dos trabalhadores no âmbito parlamentar – e deixar de lado a ideia de insurreição.

Em defesa da ortodoxia marxista contra o revisionismo ergueram-se "moderados" como Kautsky, criador e editor (1883-1917) da revista teórica do partido, *Die Neue Zeit* (A nova época), e "radicais" como Rosa Luxemburgo, jovem revolucionária judia polonesa, recém-chegada a Berlim para militar no SPD, o partido socialista mais importante da Europa. O revisionismo foi derrotado formalmente em 1903, no Congresso de Dresden, embora, na prática, passasse a dominar crescentemente o partido, apesar do apego à retórica revolucionária.

A Revolução Russa de 1905, que coincidiu com uma grande greve de mineiros na região do Ruhr, levava a crer que a insurreição voltara à ordem do dia. Rosa Luxemburgo, que, tendo participado ativamente dos eventos revolucionários em Varsóvia em 1906, havia se convencido de que a greve de massas era uma arma essencial para a politização do movimento socialista, passa a defender veementemente essa ideia em brochuras, artigos de jornal e comícios. Seu entusiasmo não é acompanhado pela direção do partido – é nessa época que começa a esboçar-se uma tendência radical no interior do SPD, em divergência com o centro representado por Kautsky, que utilizava o marxismo como ideologia justificadora da adaptação àquela sociedade.

A partir de 1906 começa o processo de burocratização do SPD e dos sindicatos ligados a ele, com a nomeação de funcionários permanentes, exigência surgida por conta do crescimento do aparelho e da imprensa partidária e sindical. Desde essa época cresce a dicotomia entre o "radicalismo oficial" (Rosenberg, 1983) do SPD e a sua prática, processo que se acentua com a eleição de pragmáticos para a direção, homens que tinham por objetivo principal fortalecer a máquina partidária e aumentar a difusão da imprensa socialista e o número de sindicalizados. Observemos de passagem os números relativos à imprensa, que são impressionantes: em 1914 são publicados noventa jornais diários, dois hebdomadários e dois bi-hebdomadários. A revista teórica do partido, *Die Neue Zeit*, tinha em 1908 8.500 assinantes, e o *Vorwärts* (Avante), órgão central do partido, 143 mil assinantes.

Em 1913, a social-democracia era o primeiro partido do Reich: possuía 110 de um total de 397 deputados no *Reichstag*, 220 nos parlamentos locais e 12 mil vereadores. Em 1914, tinha cerca de 1 milhão de filiados, 30 mil militantes profissionais, 10 mil funcionários, 203 jornais, com 1,5 milhão de assinantes, dezenas de associações esportivas e culturais, movimentos de juventude, e a central sindical mais poderosa, com 2,5 milhões de filiados, era dirigida pelos social-democratas. Embora fosse, a partir de 1912, o partido mais forte do *Reichstag*, o SPD tinha pouco peso político numa Alemanha com um sistema de representação arcaico, como vimos, dominado pelos nobres prussianos nas Câmaras Altas (*Landtag/ Bundesrat*).

Um social-democrata não tinha nenhuma possibilidade de chegar a ministro, nem no Reich, nem em qualquer dos *Länder*. Por isso mesmo, a social-democracia alemã, com sua poderosa organização que enquadrava a classe trabalhadora no plano sindical, político e cultural, constituía um partido diferente dos que existiam em países de democracia parlamentar. Contemporâneos observaram que ela era uma espécie de contrassociedade, uma maneira de viver que penetrava nos hábitos cotidianos do trabalhador, dando sentido e significado à sua vida, de tal modo que seu comportamento e suas ideias resultavam da integração nessa coletividade, configurando uma espécie de simbiose entre a social-democracia e grande parte dos trabalhadores alemães.

Também um grande número de judeus, sobretudo intelectuais, fazia parte dessa contrassociedade: teóricos, escritores (Eduard Bernstein, A. Braun, Josef Stern, Simon Katzenstein, Bruno Schönlank, Rosa Luxemburgo), jornalistas (Kurt Eisner, Georg Gradnauer, Joseph Bloch) e deputados (Arthur Stadthagen, Paul Singer, Emmanuel Wurm, Hugo Haase). De acordo com o sociólogo Robert Michels, aluno de Max Weber, isso acontecia tanto em virtude do forte sentimento antissemita difundido entre o povo alemão como de uma política de Estado que restringia as oportunidades de carreira para os judeus: eles eram excluídos das funções administrativas e judiciárias, e não podiam obter o grau de oficial do Exército. Sobrava o campo da esquerda, que, com sua aversão a qualquer preconceito de raça, estava aberto ao talento dos intelectuais judeus (Michels, 1982, p.149-50). Aliás, o movimento operário alemão foi marcado desde o início, com Karl Marx, pela simbiose entre judeus e trabalhadores. No movimento operário eles se encontravam razoavelmente integrados.

Além disso, embora a Alemanha não fosse um país democrático, a existência de uma certa tolerância política, bem como de melhorias econômicas aliadas a reformas sociais, ainda que limitadas, contribuíam para o que foi chamado, numa fórmula feliz, de "integração negativa" dos trabalhadores nessa sociedade. Daí a ambivalência da situação – numa sociedade economicamente desenvolvida estão dadas as condições objetivas para a transição ao socialismo, mas ao mesmo tempo a melhoria da situação econômica leva ao enfraquecimento da vontade revolucionária.

O SPD foi a encarnação perfeita desse dilema até 1914, o que pode ser explicado pelo próprio desenvolvimento interno do partido. Com todo esse sucesso eleitoral, o SPD acabou se tornando uma agremiação puramente eleitoreira, e a maioria dos socialistas via nas reformas sociais e no direito de voto o objetivo mais importante da organização, unilateralismo que acabou se vingando na Revolução de 1918.

Friedrich Ebert é quem melhor representa o novo espírito burocrático que toma conta do SPD. Seleiro de profissão, militante desde a juventude, dotado de grande talento organizativo, torna-se secretário em 1906, aos 36 anos, e em 1913, com a morte de Bebel, é eleito presidente do partido. Desde sua eleição para a secretaria central, defende a introdução no SPD de métodos modernos de organização, o que na época significava telefone, estenógrafas, datilógrafas, relatórios e questionários, fichários e circulares. Pela sua sensaboria, frieza, determinação, capacidade de trabalho e forte espírito prático, chegou a ser comparado a Stálin por Carl Schorske, no seu clássico estudo sobre o SPD. Embora não fosse muito querido dentro do partido, era respeitado. Queria o melhor para o SPD, o que para ele significava mais poder para o *Reichstag* e sufrágio universal também na Prússia. Com isso a social-democracia se tornaria o partido do governo e poderia implementar reformas sociais para melhorar a vida dos trabalhadores. Ebert não queria ir além disso, é o que veremos no decorrer da Revolução Alemã.

Funcionários como Friedrich Ebert e os deputados Philipp Scheidemann e Gustav Noske – cujo papel será crucial na Revolução de 1918 – eram homens pragmáticos, distantes dos apaixonados debates intelectuais sobre o socialismo e que projetavam na imprensa do partido talentos teóricos e literários como Rosa Luxemburgo. Se eles puderam alcançar posições de direção, isso se deveu, em parte, à própria organização interna do partido. O comitê executivo (*Parteivorstand*), fortalecido na época da luta contra o revisionismo a pedido dos radicais, que depois – ironia da história – seriam totalmente marginalizados, é dominado por quadros permanentes sobre os quais não há praticamente nenhum controle. Ele designa os secretários locais e regionais, os candidatos às eleições, desloca funcionários, técnicos e jornalistas, e dirige as campanhas eleitorais como se fossem manobras militares. Esse controle dos dirigentes sobre o restante do partido fez que, sistematicamente durante a guerra, fossem afastados dos jornais social-democratas os redatores que se opunham à política de união nacional. Caso exemplar é o do *Vorwärts*, até outubro de 1916 o órgão da oposição em Berlim. Por isso, nos futuros enfrentamentos na época da revolução, a retomada do jornal era tão importante para a esquerda radical. Convém observar que a massa dos membros moderados do partido, a maioria dos funcionários e os sindicatos seguiam o "radicalismo formal" (Rosenberg, 1983) da direção. Trocando em miúdos, isso significa que a ala radical do partido, liderada por Rosa Luxemburgo e Karl Liebknecht, foi ficando cada vez mais isolada a partir de 1914.

Porém, não podemos esquecer que o aparelho da social-democracia alemã foi construído entre 1906 e 1909, num período de refluxo do movimento operário. A liderança social-democrata canalizava todos os seus esforços para aumentar o número de votos e de eleitos, procurando evitar que os conflitos internos enfraquecessem o impacto eleitoral do partido, e que o discurso revolucionário da ala esquerda assustasse os eleitores moderados da pequena burguesia democrata e das camadas operárias mais conservadoras. O reformismo de Bernstein e dos dirigentes sindicais não tinha caído do céu, como às vezes levava a crer a crítica a eles endereçada por Rosa Luxemburgo. Ele estava ancorado numa conjuntura econômica de relativa calma que justificava até certo ponto a crença num progresso contínuo e pacífico em direção ao socialismo.

O conservadorismo do SPD também tinha raízes na sua composição social. Uma análise das estatísticas publicadas para a organização da grande Berlim em 1907 mostra que, do número total de membros, 9,8% eram "trabalhadores independentes", entre os quais se encontravam donos de albergues ou tabernas, barbeiros, artesãos, comerciantes e pequenos industriais. O peso dessa massa pequeno-burguesa era considerável, pois era para ela que o partido se orientava a fim de ganhar eleitores. Em contrapartida, apenas 14,9% dos militantes figuravam nas estatísticas como simples "trabalhadores", ou seja, trabalhadores não qualificados (cf. Broué, 1971, p.33-4).

Isso significa que a maioria dos membros do SPD era composta de trabalhadores qualificados. Nessa camada eram recrutados os quadros permanentes do aparelho: alguns milhares de funcionários privilegiados, uma "burocracia operária" com interesses próprios e definidos – e sem nenhuma simpatia pelo debate teórico. Essa casta oriunda da classe trabalhadora, tendo obtido uma considerável promoção social como funcionária do partido, tinha interesse em preservar sua situação privilegiada. Para isso, controlava com mão de ferro os eleitos e os representantes do partido. Carl Schorske, no estudo já mencionado sobre a social-democracia alemã, confirma esse diagnóstico ao dizer:

> O funcionário do partido queria, acima de tudo, a paz e a unidade na organização. O que na situação cindida do partido fez dele um adversário natural da crítica e da mudança. E, como a pressão pela mudança vinha cada vez mais da esquerda, o funcionário se identificava cada vez mais com a direita. (Schorske, 1983, p.127)

O controle rigoroso das bases aparecia claramente na preparação dos congressos. Por exemplo, no congresso do *Land* de Württemberg em 1911, 8.659 membros de Stuttgart (operários radicais) foram representados por 43 delegados, enquanto 723 membros de minúsculas comunidades rurais eram representados por 49 delegados. Assim, os comitês executivos dos *Länder* se apoiam em maiorias de delegados de organizações semirrurais, mais permeáveis às pressões do Estado e das classes dirigentes. A análise da composição do órgão supremo do partido, o Congresso Nacional, mostra o mesmo fenômeno. Em 1911, 52% dos militantes, aqueles provenientes dos meios operários, foram representados por apenas 27% dos delegados. O proletariado industrial se encontrava sub-representado nos órgãos decisórios, o que explica, em parte, as consecutivas derrotas da ala radical nos congressos do partido a partir de 1905.

Como se pode notar, várias são as causas da integração da social-democracia à sociedade imperial: a estrutura centralizada da organização, o controle das bases pela burocracia dos funcionários permanentes e o fato de ter crescido num período de grande desenvolvimento econômico e de paz social. Todos esses fatores explicam, embora não justifiquem, o imobilismo do SPD diante da política imperialista de Guilherme II.

2. Revolução de 1918-1919: a fase moderada

A imagem-símbolo do início da Revolução Alemã se condensa em dois de seus atores mais significativos: Philipp Scheidemann e Karl Liebknecht. No dia 9 de novembro de 1918, Scheidemann, deputado social-democrata moderado desde 1903, ministro do último governo imperial e do primeiro governo republicano, por volta das duas horas da tarde proclama a República alemã do balcão do *Reichstag*. Perto dali, duas horas mais tarde, do balcão do Palácio Imperial abandonado pela família real, Karl Liebknecht, filho do legendário fundador da social-democracia alemã, deputado radical saído da prisão havia quinze dias, proclama a "República Socialista Livre da Alemanha".

Essa dupla imagem sintetiza o percurso da revolução: no início, amplo movimento popular com objetivos moderados (movimento pela paz, queda da monarquia, democratização política etc.) que, em reação à falta de iniciativa e ao conservadorismo do governo liderado pelos social-democratas Ebert e Scheidemann, se radicaliza rapidamente no período de janeiro de 1919 a março de 1920. Porém, o que ganha em radicalismo, perde em amplitude. A passagem da fase moderada para a fase radical se traduz claramente no movimento conselhista desde seu surgimento espontâneo, em novembro de 1918, até seus estertores no outono de 1919. Voltemos a 1914 para entender esse desfecho.

Agosto de 1914: uma implacável parede divisória

O assassinato do arquiduque Francisco Fernando, príncipe herdeiro do trono da Áustria, no dia 28 de junho de 1914, foi o pretexto inesperado que desencadeou a Primeira Guerra Mundial. O frágil equilíbrio europeu, assentado em dois blocos hostis de nações (França, Inglaterra e Rússia *versus* Alemanha, Áustria-Hungria e Turquia), entra, a partir de 1905, num processo de deterioração progressiva, a ponto de a guerra aparecer como inevitável ao público informado. O desenvolvimento desigual dos diversos países capitalistas, cujo exemplo candente é a Alemanha, última a chegar ao seleto grupo das grandes potências, explica a luta por uma nova partilha do mundo que se traduz na Primeira Guerra Mundial. Todas as nações eram movidas por um ânimo expansionista e conquistador estimulado pelas necessidades de acumulação do capital. Tanto que, em 1914, qualquer incidente pouco significativo levaria ao confronto. Já se disse muitas vezes: a Europa estava sentada sobre um barril de pólvora.

Em 25 de julho de 1914, a social-democracia alemã afirmava solenemente em um manifesto:

> O proletariado consciente da Alemanha, em nome da humanidade e da civilização, protesta veementemente contra os que promovem a guerra. [...]. Nem uma gota de sangue de um soldado alemão pode ser sacrificada à sede de poder do grupo dirigente austríaco, aos apetites imperialistas do lucro. (apud Broué, 1971, p.56)

Porém, uma vez posta em marcha a máquina de guerra, todos assistiram estarrecidos à vaga de delírio patriótico que submergiu as populações da civilizada Europa. Rosa Luxemburgo descreveu de maneira sombria, mas precisa, o que se passava na época:

> [...] a população de cidades inteiras transformada em populacho, prestes a denunciar qualquer um, a molestar mulheres, a gritar "hurra!" e a atingir o paroxismo do delírio, lançando ela mesma boatos absurdos; uma atmosfera de crime ritual, um clima de *pogrom* em que o único representante da dignidade humana era o policial da esquina. (Luxemburgo, 2017, p.16)

A declaração do Kaiser Guilherme II, de que não conhecia mais nenhum partido, somente alemães, fez a vaga de patriotismo atingir todas as camadas da população. Milhares de jovens se apresentavam todos os dias como voluntários. Superestimando as próprias forças e iludidos pela euforia do início, o Kaiser, o governo e o alto-comando do Exército estavam convencidos de que, levando a guerra em duas frentes, em poucos meses a Alemanha seria vitoriosa. Até mesmo a social-democracia alemã, que historicamente se opunha à guerra, foi apanhada de surpresa e absorvida pela atmosfera de união nacional que tomou conta de todo o país, incluindo o proletariado.

No dia 4 de agosto, a bancada social-democrata no *Reichstag* votou unanimemente os créditos de guerra solicitados pelo governo, inclusive os catorze deputados (entre eles, Hugo Haase, Georg Ledebour, Karl Liebknecht, Otto Rühle) que se opunham à maioria (78 deputados) e que concordaram depois de muita discussão em respeitar a disciplina partidária.

O dia 4 de agosto de 1914 tornou-se uma data histórica para a esquerda mundial. A partir daí, a social-democracia converteu-se à política da união nacional (*Burgfrieden*), abandonando o princípio marxista da luta de classes tanto no plano prático – o que não era novidade – quanto no plano teórico. A Internacional Socialista, Kautsky passará a explicar, era um instrumento adequado a tempos de paz, não a tempos de guerra. Ou, como disse ironicamente Rosa Luxemburgo: "Proletários de todos os países, uni-vos na paz, e degolai-vos na guerra" (1987, p.25).

Majoritários, independentes e spartakistas

Desde o início da guerra, a social-democracia alemã dividiu-se em três tendências bem definidas: direita, centro e esquerda, que mais tarde seriam chamados, respectivamente, majoritários, independentes e spartakistas.

A origem da Liga Spartakus (que no início se chamava Grupo Internacional) encontra-se no movimento de oposição à guerra, vista pela esquerda como um conflito imperialista pela partilha de mercados. Esse movimento foi iniciado pelo pequeno grupo em torno de Rosa Luxemburgo (Karl Liebknecht, Leo Jogiches, Franz Mehring, Clara Zetkin, Paul Levi, entre outros) na noite de 4 de agosto de 1914, logo após o grande trauma que representou a aprovação unânime dos créditos de guerra por parte da bancada social-democrata no *Reichstag*. Entretanto, a data simbólica do nascimento da oposição é o dia 2 de dezembro de 1914, quando Karl Liebknecht, deputado da ala esquerda no *Reichstag*, quebrando a disciplina partidária, vota sozinho contra uma nova concessão dos créditos de guerra. A partir desse momento, o SPD começa efetivamente a rachar.

No dia 7 de janeiro de 1917, o conjunto da oposição, em resposta à crescente pressão popular a favor da paz, realiza uma conferência nacional rejeitando energicamente a continuidade da guerra e opondo-se assim, publicamente, ao apoio do SPD à política do governo imperial. A direção do SPD, liderada por Ebert e Scheidemann, em nome da disciplina partidária, expulsa a oposição em bloco e sem discussão. Nos dias 6 e 7 de abril, em Gotha, esta funda o Partido Social-Democrata Independente Alemão (*Unabhängige Sozialdemokratische Partei Deutschlands* – USPD), que elege como presidentes

Hugo Haase e Georg Ledebour. A partir daí, os membros do SPD passam a ser chamados de majoritários, e os da oposição, de independentes.

Basicamente, a oposição criticava a ala majoritária por ter traído os princípios fundamentais da social-democracia. Trocando em miúdos, significava que tinha abandonado a tática da luta de classes perante o governo e os partidos burgueses, o internacionalismo, e apoiado uma guerra sangrenta que não poderia ser vencida pela Alemanha – e cujo caráter imperialista era cada vez mais claro. A maioria dos fundadores do USPD via-se como defensora do verdadeiro ideário socialista internacional.

O USPD era uma organização flexível, um conjunto de diferentes correntes de esquerda no interior do movimento operário e que tinha como denominador comum a oposição à política da ala majoritária. No interior do USPD havia dois grupos revolucionários: o primeiro, a Liga Spartakus, dirigida por Rosa Luxemburgo e Karl Liebknecht, que decide aderir ao novo partido, mantendo, entretanto, autonomia organizativa e linha política própria. A Liga Spartakus, apesar das divergências em termos táticos e de princípios, permanece no USPD até o final de dezembro de 1918, quando, aliada aos "radicais de esquerda" de Bremen (que se recusam a entrar no USPD), funda o Partido Comunista da Alemanha (KPD).

O outro grupo radical que compunha o USPD era formado pelos delegados revolucionários (*revolutionäre Obleute*). Agrupamento nascido em 1914 para fazer oposição à política de apoio à guerra dos majoritários e dos sindicatos oficiais, era composto originalmente por alguns funcionários do sindicato dos metalúrgicos de Berlim, que rejeitavam a política de união nacional e que aos poucos foram ganhando adeptos em outras cidades. Era dirigido por Richard Müller, líder da oposição radical nesse sindicato. No verão de 1918, Ernst Däumig assumiu a liderança. Embora fossem membros dos sindicatos e do USPD, eles seguiam uma política independente. Não formavam uma organização de massa, mas um pequeno grupo adepto da conspiração, formado por funcionários disciplinados e rigidamente organizados, tendo permanecido clandestino durante a guerra. A rede de delegados construída durante a guerra por Richard Müller, nas maiores indústrias metalúrgicas de Berlim, formava, segundo seu biógrafo Ralf Hoffrogge, "uma combinação única, na história do movimento operário, entre democracia de base e vanguarda" (apud Käppner, 2017, p.124). O núcleo principal não tinha mais de cinquenta militantes – daí a grande surpresa que causou quando, depois do fim da guerra, sua existência e suas atividades se tornaram conhecidas.

O MOVIMENTO DE OPOSIÇÃO À GUERRA

Já no início de 1916, o descontentamento da população alemã se alastrava, provocado por medidas draconianas de racionamento. A situação foi se agravando rapidamente: falta de carvão, de roupas, de moradias; frio, fome, aumento de preços, mercado negro para os ricos, racionamento para a maioria e a espantosa quantidade de baixas na frente de batalha tinham arrefecido consideravelmente o entusiasmo de agosto de 1914, quando os soldados partiam alegremente para o *front*, acreditando que no Natal estariam de volta. Três Natais haviam passado e a guerra parecia longe do fim: imobilizada nas trincheiras desde novembro de 1914, levando à morte milhares de jovens e evidenciando a falta de sentido do massacre.

Rosa Luxemburgo, em *A crise da social-democracia*, balanço escrito na prisão e publicado no início de 1916 na Suíça, descreve com amargura o clima sombrio da época:

> A cena mudou completamente. A marcha de seis semanas sobre Paris transformou-se num drama mundial; o imenso massacre virou um monótono e cansativo negócio cotidiano, sem nenhuma solução à vista. A

política burguesa está paralisada, presa na própria armadilha, e já não pode exorcizar os espíritos que invocou.

Acabou-se a embriaguez. Acabaram-se o alarido patriótico nas ruas, […] a caça aos automóveis de ouro, os sucessivos telegramas falsos […], os excessos da multidão farejando espiões por todos os lados, as aglomerações tumultuadas nos cafés repletos de música ensurdecedora e cantos patrióticos […]. O espetáculo terminou. Há muito tempo os intelectuais alemães, esses "lêmures vacilantes", voltaram às suas tocas ao primeiro assobio. A alegria ruidosa das moças correndo ao longo das plataformas já não acompanha os trens de reservistas, que deixaram de saudar o povo, debruçando-se nas janelas dos vagões, com um sorriso alegre nos lábios. Silenciosos, de pasta na mão, caminham rapidamente pelas ruas onde uma multidão carrancuda se entrega aos afazeres cotidianos.

Na atmosfera sóbria desses dias pálidos ressoa outro coro: o grito rouco dos abutres e das hienas no campo de batalha. Dez mil tendas, garantia total! Cem mil quilos de toucinho, cacau em pó, sucedâneo de café, pagamento à vista, entrega imediata! Granadas, tornos, cartucheiras, anúncios de casamento para viúvas de soldados mortos, cintos de couro, intermediários que garantem contratos com o Exército – apenas ofertas sérias! A carne de canhão, embarcada em agosto e setembro cheia de patriotismo, apodrece na Bélgica, nos Vosges, na Masúria, em cemitérios onde o lucro cresce de maneira vigorosa. Trata-se de guardar rapidamente a colheita nos celeiros. Sobre esse oceano estendem-se milhares de mãos, ávidas para arrancar a sua parte.

Os negócios prosperam sobre ruínas. Cidades transformam-se em montes de escombros, aldeias, em cemitérios, regiões inteiras, em desertos, populações, em montes de mendigos, igrejas, em estábulos. (2017, p.16-7)

De fevereiro a dezembro de 1916, 240 mil soldados alemães morrem em Verdun, na maior carnificina de toda a guerra. No fim de dezembro de 1916, as tropas da Entente contra-atacam. Os generais alemães – Hindenburg, chefe do alto-comando do Exército, e seu adjunto Ludendorff – impõem aos dirigentes civis, contra a vontade destes, a guerra submarina sem trégua (anunciada em 29 de janeiro de 1917), esperando assim derrotar a Inglaterra, o que terá como consequência a entrada dos Estados Unidos no conflito. Apesar de algumas vitórias iniciais, a partir de abril de 1917 o fracasso dessa tática salta aos olhos.

Depois de três anos de guerra, a população alemã estava exausta. O inverno de 1916-1917 ficou conhecido como o inverno das rutabagas, raiz semelhante ao nabo normalmente usada para alimentar o gado. Com a falta de víveres provocada por problemas de abastecimento, os jornais publicavam receitas de sopas, pudins, saladas e pães feitos com rutabagas, indicando-as até como substitutas do café! Nessa atmosfera, e à medida que a esperança de uma vitória rápida desmoronava, solapada pelos testemunhos sobre a situação real que apareciam apesar da censura rígida, a aprovação unânime da política imperial e da guerra, a que fazia coro a maioria dos jornalistas e intelectuais, começava a desaparecer.

De um lado, miséria; de outro, lucros fabulosos das indústrias de material bélico (Krupp, Thyssen, Stinnes): mergulhada nesse clima, a Alemanha toma conhecimento da revolução de fevereiro de 1917 na Rússia, a manifestação mais espetacular da crise que abalava o conjunto dos países beligerantes. Tanto por parte da direita quanto da esquerda, por razões opostas evidentemente, a comoção foi enorme. O ano de 1917 representou, assim, uma guinada na Primeira Guerra Mundial, que se traduziu na Alemanha nas importantes greves de abril, em Berlim e Leipzig, e na já mencionada cisão da social-democracia que levou à criação do USPD.

Em 16 de abril de 1917, 250 mil trabalhadores, de mais de trezentas empresas, entram em greve em Berlim. O movimento é dirigido pelos delegados revolucionários que, como veremos, terão um papel importante na revolução de 1918-1919. Eles tinham grande simpatia pelos bolcheviques: alguns de seus dirigentes (sobretudo Däumig) e muitos de seus seguidores interessavam-se pelos métodos revolucionários russos, em particular pelo que consideravam a base de uma nova forma de democracia, os conselhos de trabalhadores e soldados. Entre os delegados revolucionários e a Liga Spartakus havia grandes tensões: os primeiros rejeitavam o que consideravam a "ginástica revolucionária" dos spartakistas, ou seja, a tática das manifestações de rua visando à radicalização do movimento de massas. Os delegados revolucionários, cuja maioria estava em Berlim, bem mais próximos do USPD que os spartakistas, foram os mais importantes defensores do pensamento conselhista na Alemanha e, embora não se deva superestimar o significado de sua atuação na Revolução Alemã, a história do pensamento conselhista na Alemanha é impensável sem eles.

Da mesma forma que em Berlim, também no dia 16 de abril, 30 mil operários entram em greve em Leipzig. O importante aqui é que, além das costumeiras e compreensíveis reivindicações de aumento das rações alimentares e do carvão, há também uma série de reivindicações de ordem política: declaração do governo por uma paz sem anexações; supressão do estado de sítio e da censura; libertação dos prisioneiros políticos; abolição da lei do trabalho obrigatório; sufrágio universal igual e direto em todos os níveis.

É nesse momento que se constitui, pela primeira vez na Alemanha, um conselho operário com funções (determinadas e transitórias) de comitê de greve: a assembleia dos trabalhadores elege uma comissão com a tarefa de entregar ao chanceler, em Berlim, a lista das reivindicações.

Esse início de uma maior mobilização das massas chama a atenção por algumas razões: em primeiro lugar, pelo papel dos delegados revolucionários; em segundo, pelo surgimento da palavra de ordem de conselhos operários que começa a ser divulgada, *em parte* inspirada no exemplo da revolução de fevereiro na Rússia – a proclamação da paz pelo soviete (tradução russa de conselho) de São Petersburgo era algo que impressionava uma população cansada da guerra. No entanto, deve-se deixar registrado que somente nove meses mais tarde, a partir das greves de janeiro de 1918 em Berlim, é que o pensamento conselhista começa a se difundir. E, por último, pela atuação dos social-democratas independentes (mais próximos dos operários nos grandes centros urbanos que os majoritários), que adquirem grande prestígio, sendo vistos por vastas camadas da população como campeões da luta pela paz.

Ainda em abril de 1917, os Estados Unidos entram na guerra; em julho, o gabinete Bethmann Hollweg é substituído pela ditadura militar de Hindenburg e Ludendorff. Nesse mesmo ano, o SPD, o *Zentrum* e os liberais do Partido do Progresso formam a "comissão intergrupos" do *Reichstag*, com o objetivo de instaurar a monarquia parlamentar e uma paz sem vencedores nem vencidos. Esse programa constitui a base da resolução de paz votada pelo *Reichstag* em julho de 1917, em resposta ao cansaço da guerra que toma conta da população. Os partidos da maioria (incluindo o SPD) defendem uma paz honesta, "sem anexações e sem indenizações". Contra eles entra em ação uma ala nacionalista exacerbada, pangermanista e anexionista, que apoia a continuação do conflito até a vitória. Apesar da possibilidade de uma paz moderada na virada de 1917 para 1918, o alto-comando do Exército e os anexionistas continuam com seus planos megalômanos, acreditando que os conflitos internos só podem ser resolvidos – e o socialismo, derrotado – pelas conquistas territoriais. Essa ilusão foi ainda mais encorajada pelo tratado de paz de Brest-Litovsk, que retirava a Rússia da jogada.

O COMEÇO DO FIM

A Revolução de Outubro de 1917 na Rússia, que leva os bolcheviques ao poder, tem fortes repercussões na Alemanha. Os bolcheviques, vitoriosos, apressam-se a começar negociações de paz no início de dezembro. A delegação alemã, chefiada pelo general Hoffmann, finge aceitar a proposta de paz sem anexações feita por Trótski, chefe da delegação russa. Mas em janeiro de 1918 os alemães passam a fazer pesadas exigências; os bolcheviques, forçados pelas circunstâncias, acabam por assinar, em 3 de março de 1918, um tratado de paz em separado com a Alemanha, extremamente oneroso para eles do ponto de vista das perdas territoriais.

Na Alemanha, as informações sobre as negociações de paz de Brest, com as exigências absurdas feitas pelos alemães, bem como o exemplo da vaga de greves que explode a partir de 14 de janeiro na Áustria-Hungria, levam à ideia de uma greve geral com um claro objetivo político: impor a paz. A greve de janeiro será a maior manifestação contra a guerra vista até então na Alemanha.

No dia 27 de janeiro, domingo, realiza-se a assembleia geral dos torneiros de Berlim, que aceita por unanimidade a proposta de Richard Müller de desencadear a greve a partir do dia seguinte e fazer assembleias para eleger delegados. Esses delegados se reunirão em seguida na Casa dos Sindicatos para designar o comitê de greve.

Em Berlim, na manhã do dia 28, 400 mil operários, na grande maioria trabalhadores das fábricas de munição, param o trabalho; em assembleias, elegem 414 delegados, que se reúnem ao meio-dia e aprovam o seguinte programa: paz sem anexações nem indenizações baseada no direito de autodeterminação dos povos; representação dos trabalhadores nas negociações de paz; melhoria do abastecimento; fim do estado de sítio; restabelecimento da liberdade de expressão e reunião; leis protetoras do trabalho das mulheres e crianças; desmilitarização das fábricas; libertação dos presos políticos; democratização do Estado em todos os níveis, começando pelo sufrágio universal e igual a partir dos 20 anos para o parlamento prussiano. Em seguida, a assembleia elege um comitê de greve de onze membros, todos provenientes do núcleo dos delegados revolucionários. Além desses onze membros, o comitê, dirigido por Richard Müller, é composto por três membros do USPD (Haase, Ledebour e Dittmann) e três do SPD (Ebert, Scheidemann e Braun), o que evidentemente gera tensões e conflitos.

Assim que o comitê de greve se reúne, Ebert declara inaceitáveis algumas das reivindicações aprovadas. Os onze delegados revolucionários se recusam a rever a votação e a reunião é interrompida repentinamente pela notícia (falsa) de que a polícia se dirige para a Casa dos Sindicatos. Sobre esse episódio escreve mais tarde Richard Müller, não sem uma pitada de malícia:

> Os três representantes do SPD levantaram-se de um salto. Scheidemann, apesar da idade, enfiou o sobretudo que nem um relâmpago enquanto o mais corpulento Fritz Ebert se esforçava em vão para fazer o mesmo, precisando ser ajudado por uma alma compassiva. A informação não podia surpreender os representantes dos trabalhadores que já tinham estado frequentemente em tal situação. (apud Käppner, 2017, p.127)

No dia seguinte, a greve se alastra, atingindo mais de 1 milhão de trabalhadores em várias cidades. Mas as negociações entre as autoridades e uma delegação extraída do comitê de greve são malsucedidas – o comitê é declarado ilegal; no dia 30 de janeiro, o *Vorwärts* é proibido de circular, sob alegação de ter exagerado o número de grevistas. Como em todos os movimentos grevistas, neste também os sindicatos são passivos, coniventes com o poder público. E os social-democratas majoritários, Ebert à frente, entram no movimento com o objetivo declarado de controlá-lo. Na impossibilidade de vencer, Richard Müller e companheiros reconhecem a derrota e propõem a volta ao trabalho no dia 3 de fevereiro. A repressão é brutal: são feitas prisões em massa, 50 mil grevistas de Berlim são mobilizados para a frente de batalha. Leo Jogiches, um dos líderes spartakistas que participou da greve, é preso em março; com Rosa Luxemburgo e Karl Liebknecht também encarcerados, a Liga Spartakus fica decapitada.

    O que podemos concluir de todo esse movimento grevista de oposição à guerra? Enquanto antes de 1914 os trabalhadores seguiam as lideranças social-democratas, sindicais e do próprio partido, nos dois últimos anos da guerra o número e o caráter das greves mostram claramente que os trabalhadores, com frequência cada vez maior, se auto-organizam ou seguem os líderes da oposição, USPD e delegados revolucionários, e, em muito menor medida, os spartakistas. A Liga Spartakus, com poucos aderentes nas fábricas e sindicatos, mostra na greve de janeiro de 1918 aquilo que é e sempre será: um grupo radical que, com uma militância aguerrida, é superestimado.

    Os delegados revolucionários de Berlim sofrem muito com a repressão da greve de janeiro. É necessário escolher substitutos para qualquer eventualidade. Richard Müller designa Emil Barth, metalúrgico aposentado, membro do USPD desde a guerra, falastrão e vaidoso. É dele a caracterização, antes mencionada, da tática dos spartakistas como "ginástica revolucionária". Mas de fato, a partir desse momento, a direção dos delegados revolucionários fica nas mãos de dois dos principais dirigentes do USPD de Berlim, nenhum deles operário: Georg Ledebour, grande adversário dos spartakistas, e Ernst Däumig, jornalista admirador da Revolução Russa e do sistema conselhista, o qual via como modelo de uma democracia de base também para a Alemanha.

A derrota violenta da greve de janeiro de 1918 permaneceu na memória dos trabalhadores alemães. Aliás, o movimento revolucionário de novembro não pode ser entendido sem esse lento acúmulo de desilusão e cólera contra os chefes militares e seus porta-vozes políticos. Até então eles tinham vencido. Depois das greves de janeiro e do tratado de paz de Brest-Litovsk, Hindenburg e Ludendorff estão no auge do seu poder, são apoiados por uma parte da população e agem como verdadeiros ditadores. Mas a entrada dos Estados Unidos na guerra, ao lado da Entente, acaba não compensando a paz com os russos, e os alemães, na nova guerra de movimento que se anuncia, apesar de alguns sucessos iniciais, são obrigados a reconhecer a derrota. De março a novembro de 1918 o saldo é desastroso: 192.447 mortos, 421.340 desaparecidos e prisioneiros, 860.287 feridos; 300 mil civis mortos a mais que em 1917 e o dobro da taxa de mortalidade infantil desse mesmo ano.

Uma vaga irresistível

O tratado de paz com a Rússia, além de garantir as riquezas da Ucrânia, permite aos alemães retirar a maioria de suas tropas da frente oriental e transferi-las para o Ocidente. A ofensiva na frente ocidental, que começa em 21 de março de 1918, obtém no início algumas vitórias locais, mas não atinge seu objetivo: destruir os exércitos inimigos para forçar os franceses e os ingleses a pedirem a paz. Ludendorff, cujo poder militar e político cresce constantemente, a ponto de fazer e desfazer chanceleres, reconhece em meados de agosto, a portas fechadas, ser impossível obter a vitória militar e estar apenas à espera de um momento propício para propor a paz aos países da Entente.

Somente um armistício rápido poderia salvar a Alemanha da capitulação. Mas os responsáveis não tomam nenhuma medida nesse sentido: em vez de aproveitar a oportunidade para salvar o que ainda podia ser salvo, Ludendorff e Hindenburg insistem em manter o exército em solo francês, pensando que assim forçariam a Entente a ceder. De um lado, a miopia do Kaiser, prisioneiro dos chefes militares, de outro, a falta de senso de oportunidade dos partidos, sobretudo os social-democratas e liberais, que não propõem a monarquia parlamentar, leva paulatinamente a panela de pressão ao limite. Quando, em outubro, essa medida é adotada, já é tarde demais para evitar a explosão.

Do lado da população, o clima também muda radicalmente. Até o verão de 1918, grande parte do povo alemão acredita na vitória, ilusão provocada pelos comunicados oficiais e pela imprensa censurada. A partir daí a situação é outra: a imprensa não pode mais esconder as más notícias da frente de batalha, a falta de alimentos, o aumento dos preços. No *front* a situação é trágica, só homens estropiados e esfomeados. Dos cerca de 100 mil soldados alemães que desertam durante a guerra, a maioria foge no final do verão e no outono de 1918. Era claro que não valia a pena morrer por uma guerra perdida. A cena a seguir, relatada pelo soldado Fritz Rück, militante do USPD, viajando de trem para Berlim a fim de participar na conferência nacional do partido no fim de setembro, dá a medida do clima: "Os soldados, apáticos, se acocoravam nos compartimentos do trem. Dormiam sentados, dormiam em pé, cochilavam. No corpo só a vontade de largar aquele uniforme, aquela confusão de arame farpado de ordens, comandos, papéis". Um civil, talvez nacionalista ardente, começa a repreender os soldados pela falta de compostura. Os homens acordam e lançam uma enxurrada de impropérios sobre o infeliz. Eles querem saber por que não está no *front*. Será pelas boas relações, pelo dinheiro? "Todos que ainda hoje são valentes e patrióticos são como você", e jogam-no pela janela do trem (apud Käppner, 2017, p.150-1). Os sonhos de vitória começam a se desfazer, embora na época fosse desconhecido o pessimismo do alto-comando do Exército com relação a uma vitória militar.

Com a oferta de paz da Áustria-Hungria, em 14 de setembro, e o armistício da Bulgária, em 30 de setembro, o alto-comando é forçado a admitir que a guerra está perdida e que a catástrofe militar só pode ser evitada por meio de um rápido armistício. Com esse objetivo, o alto-comando pressiona para que o governo seja formado a partir de uma maioria parlamentar constituída pelos social-democratas, os liberais e os representantes do *Zentrum*. A intenção é agradar ao presidente Wilson, dos Estados Unidos, que em 4 de julho havia apresentado um programa com catorze pontos para um eventual armistício.

Sob a pressão constante do alto-comando, é negociada a formação do novo governo, que passa a ser presidido pelo príncipe Max von Baden, primo do imperador e que não se havia notabilizado por sua adesão ao regime parlamentar. Nomeado chanceler em 3 de outubro, forma um gabinete com os membros dos partidos que tinham votado a resolução de paz de julho de 1917: Erzberger, do *Zentrum*, dois social-democratas majoritários, Scheidemann e Bauer, e os liberais. A Alemanha se torna uma monarquia parlamentar, e reformas constitucionais são introduzidas. Elas incluem a reforma do sufrágio (inclusive a abolição do sistema censitário prussiano das três classes), a responsabilidade do ministério perante o Parlamento e o controle das Forças Armadas pelo governo civil, não pela monarquia. No Congresso do SPD na Baviera, em meados de outubro, um exultante Erhard Auer, que será em breve protagonista da revolução em Munique, dirá: "Nós estamos passando pela maior revolução de todas! Só a forma é hoje diferente, pois é possível alcançar por meios legais aquilo pelo que lutamos há séculos" (apud Käppner, 2017, p.152). Já Rosa Luxemburgo (2017, p.321) considera a entrada da social-democracia no governo "uma vitória de Pirro".

Usando a tática de perder os anéis para conservar os dedos, o governo imperial, derrotado, abre a porta do poder aos partidos políticos, tornando-os ao mesmo tempo responsáveis pelo fim da guerra. Foi uma jogada de mestre das velhas elites militares prussianas, que assim descarregavam nas costas dos civis toda a responsabilidade pela derrota, mantendo seu próprio prestígio intacto. Ocultou-se da opinião pública que o novo governo parlamentar foi coagido pelo alto-comando a propor a paz. Apesar da derrota, a arrogância dos militares era tal que ainda no dia 16 de outubro o alto-comando ordena que a imprensa "evite a qualquer preço dar a impressão de que o pedido de paz provém dos militares. O chanceler e o governo resolveram tomar essa atitude. A imprensa não deve destruir essa impressão" (apud Kolb, 1962, p.17). Para a opinião pública, o governo parlamentar era responsável pela decisão que levou à capitulação da Alemanha, tornando-se o SPD posteriormente o bode expiatório dos nacionalistas.

O ponto de partida do movimento revolucionário de novembro se dá no dia 5 de outubro, quando se torna pública a oferta de paz aos Aliados. A população, enganada pela propaganda oficial durante os quatro anos de guerra, acreditando piamente na vitória, fica aturdida com o pedido de armistício. Todo o sacrifício daqueles anos terríveis tinha sido em vão. A partir desse momento, para as massas saturadas, só havia um objetivo: obter a paz imediatamente, tão rápido quanto possível – e a qualquer preço.

No decorrer de outubro, o movimento pela paz se espalha como lava de vulcão, radicalizando-se crescentemente e pressionando o governo e os partidos a partir da base. Os grupos revolucionários, com poucos adeptos até então e enfraquecidos pelas medidas repressivas impostas no período de guerra, começam a ganhar força.

A tentativa de canalizar o descontentamento popular por meio da instituição da monarquia parlamentar não tem sucesso. Cresce cada vez mais na opinião pública a ideia de que o Kaiser é um obstáculo à paz e que ele deve abdicar – Wilson deixara claro, em sua Nota de 23 de outubro, que os Estados Unidos só negociariam com um governo eleito pelo povo – para que se possa obter um armistício em condições favoráveis à Alemanha.

No dia 28 de outubro, os marinheiros da frota de alto-mar, no Norte do país, resistem a uma ordem de zarpar, temendo, com razão, uma batalha desesperada contra a frota inglesa para salvar a honra nacional e o prolongamento a qualquer preço de uma guerra perdida. Mil homens são presos e desembarcados em Wilhelmshaven e Bremerhaven, enquanto cinco navios são conduzidos a Kiel, aonde chegam em 31 de outubro. No dia 3 de novembro, uma nova manifestação em Kiel pela libertação dos presos é brutalmente reprimida. Saldo: nove mortos e 29 feridos. No dia seguinte, Kiel está nas mãos dos marinheiros e soldados insurgentes. Nos navios e nas fábricas são eleitos conselhos de trabalhadores e soldados que se espalham por todo o país.

A partir de então, assiste-se a uma gigantesca paralisia do poder estatal. Os aparatos militar e policial do antigo regime capitulam por todo lado, sem resistir à insurreição que se espalha a partir de Kiel. Os prisioneiros políticos são libertados, a bandeira vermelha tremula nos prédios públicos. Conselhos de trabalhadores e soldados são improvisados; os funcionários locais do SPD, do USPD e dos sindicatos passam a dirigir as ações, sem esperar ordens das centrais dirigentes: no dia 6 de novembro em Hamburgo, Bremen, Wilhelmshaven, Lübeck; no dia 7 em Hannover; no dia 8 em Colônia, Braunschweig, Düsseldorf, Leipzig, Frankfurt, Munique. Nesse mesmo dia, o Conselho de Trabalhadores, Soldados e Camponeses de Munique proclama a República Socialista da Baviera. Não se trata de uma ação revolucionária planejada, mas de um movimento espontâneo das massas cansadas da guerra, que exigem o fim imediato do conflito. Mas, ao mesmo tempo, esse amplo movimento espontâneo também faz brotar o desejo, até então latente em vastas camadas da população, de uma profunda transformação política e social, que se articula claramente nos meses seguintes e adquire dinâmica própria.

Diante da nova situação, as forças políticas moderadas e de direita saem de cena – durante algum tempo ficam invisíveis, mudas, incapazes de agir, deixando a iniciativa nas mãos dos majoritários, que, extremamente hábeis e empenhados num processo de transição pacífica, querem impedir a todo custo que a Alemanha siga o temido modelo russo. Para eles, a atmosfera insurrecional que se espalha pelo país exige a abdicação do Kaiser, a fim de evitar que as massas passem para o campo dos revolucionários. É o que diz Ebert no dia 6 de novembro, numa reunião de majoritários e sindicalistas com o general Wilhelm Groener (que havia substituído o demissionário Ludendorff no dia 26 de outubro). Os majoritários insistem até o último momento em salvar a monarquia, propondo inclusive que o Kaiser passe a regência a um dos filhos que não o príncipe herdeiro, odiado pelas massas. No dia 7, nova reunião de Ebert e do deputado social-democrata majoritário David com o príncipe Max von Baden. Quando este pede garantias de que a social-democracia não criará dificuldades enquanto ele tenta convencer o Kaiser a abdicar, Ebert teria dito a famosa frase, reportada pelo próprio príncipe nas suas memórias: "Se o Kaiser não abdicar, a revolução social é inevitável. Eu não quero essa revolução: odeio-a como odeio o pecado".

O maior partido da classe trabalhadora, que durante décadas ameaçou liquidar o sistema de classes, quando a hora se aproxima, cheio de pragmatismo, recusa até mesmo a abolição da monarquia. Essa política temporizadora não foi perdoada pela oposição de esquerda. Dez anos mais tarde, escreve Richard Müller: "A social-democracia queria a vitória da Alemanha, da Alemanha capitalista; ela acreditava receber da burguesia o manto democrático como presente por seu bom comportamento e via nesse presente a mais bela vitória da classe trabalhadora".

Berlim, 9 de novembro

Mas o movimento é irresistível. No dia 9 de novembro de 1918, a onda revolucionária atinge Berlim, capital do Império. Por volta do meio-dia, manifestações gigantescas, coroadas de milhares de bandeiras vermelhas, enchem as ruas da capital. Muitos estão armados com pistolas, fuzis e granadas. Os soldados nas casernas aderem ao movimento, e o príncipe Max von Baden, ao ver que a situação foge ao controle, anuncia, mesmo sem estar autorizado, a abdicação do imperador, transferindo o cargo de chanceler a Ebert e propondo a convocação de uma Assembleia Nacional com poderes constituintes. Pela primeira vez, um "homem do povo" estava no comando do Reich.

O governo que Ebert assumia era o antigo governo: todos os secretários de Estado conservavam seus postos, inclusive o ministro da Guerra prussiano, Heinrich Scheüch. Os funcionários públicos ultraconservadores, imbuídos do autoritarismo do Império e hostis à República, foram mantidos nos cargos e aproveitaram para sabotar o novo governo. Só uma coisa mudara: o chanceler se chamava Friedrich Ebert e não Max von Baden.

Sua primeira declaração como chanceler foi um apelo aos manifestantes: "Cidadãos! Peço-lhes insistentemente: deixem as ruas! Mantenham a paz e a ordem!". Mas ninguém deu atenção. Posteriormente se verá que a rejeição dos majoritários a realizar mudanças estruturais no Estado e na administração fez que a revolução pagasse um preço muito alto, cuja conta final seria cobrada na República de Weimar.

Há décadas o objetivo de Ebert, da maioria da direção e da maioria dos membros do SPD era o sistema parlamentar alcançado em outubro de 1918. Ao participarem do governo, todos eles acreditavam ter atingido suas metas: a democracia parlamentar e a igualdade de direitos do movimento operário. Viam a revolução não só como um equívoco – felizmente transitório –, mas também como um perigo a conjurar: ela só podia trazer anarquia e miséria. Mas em novembro de 1918, a situação tinha ido longe demais para que essa solução fosse satisfatória. O pragmatismo do SPD já não correspondia totalmente aos anseios daquela parte da população em que o partido tinha até então se apoiado, pois o fato é que o movimento operário no final da guerra era diferente daquele anterior a 1914. A guerra acentuou os conflitos de classe, movimento que se traduziu, como vimos, na criação de novos agrupamentos políticos à esquerda do SPD, dispostos a combater a política moderada do velho partido e a iniciar uma revolução visando transformar radicalmente o antigo Estado.

Uma vez as massas na rua, a grande preocupação dos líderes do SPD, e de Ebert em particular, que nesses meses se torna a figura dominante não só do SPD como do governo, é liderar o movimento revolucionário para contê-lo dentro das vias legais e levá-lo das ruas às urnas. Com esse objetivo, numa atitude maquiavélica, convidam o USPD a participar do novo governo. Os independentes, após alguma hesitação em compartilhar o poder com o irmão inimigo, acabam aceitando em nome da unidade da classe trabalhadora. Na efervescência desses primeiros dias de novembro, Ebert argutamente leva em conta a aspiração das massas populares, que desejam a unificação dos partidos operários. Esse gabinete de transição governaria até a instalação da Assembleia Nacional Constituinte, a ser eleita num futuro próximo e que decidiria que forma de governo o Estado deveria adotar. Daí a indignação de Ebert ao saber que seu companheiro de partido, Scheidemann, havia proclamado a República do balcão do *Reichstag*. A verdade é que o SPD (assim como os outros partidos políticos) foi apanhado de surpresa pelo movimento revolucionário. Tanto que não tinha ideias precisas do que fazer – até mesmo a proposta de eleições para a Assembleia Nacional não veio dele, mas do príncipe Max von Baden, tendo sido pensada, a princípio, como uma reação contra o irrefreável impulso de participação democrática das massas. A razão para esse desnorteio é indicada pela revolucionária Toni Sender, de Frankfurt: "Estávamos acostumados a encarar o socialismo como um objetivo distante, um ideal para inspirar as massas. Mas não tínhamos quebrado a cabeça sobre os detalhes de sua realização prática" (apud Käppner, 2017, p.204).

Os grupos revolucionários em Berlim também entram em ação no dia 9 de novembro. Os delegados revolucionários, no dia 4, sem saber o que se passava em Kiel, haviam marcado a insurreição para o dia 11, já tendo distribuído armas e feito planos para derrubar o governo. Porém, uma vez atropelados pelos acontecimentos, como todos os grupos políticos, não queriam perder o controle da situação. Numa assembleia de soldados, reunida no *Reichstag* no dia 9, conseguem aprovar uma resolução propondo que na manhã seguinte, domingo, fossem eleitos conselhos de trabalhadores e soldados nas fábricas e quartéis de Berlim. Seria um representante por batalhão e também um para cada mil trabalhadores – que deviam realizar na mesma noite, no Circo Busch, uma assembleia geral dos representantes dos conselhos de Berlim, bem como instituir um governo provisório: um Conselho dos Comissários do Povo (*Rat der Volksbeauftragten*). Os conselhos de soldados berlinenses, que desde a tarde do dia 9 de novembro detinham o poder de fato, reivindicavam assim a colaboração dos conselhos na formação do novo governo.

A revolução em Berlim praticamente não fez vítimas: entre trabalhadores e soldados contaram-se quinze mortos. Milhares de pessoas iam e vinham, inundavam as ruas com suas bandeiras vermelhas – e, surpresa, não havia repressão. A festa era geral, e enorme a esperança por uma sociedade essencialmente melhor, que compensasse os sacrifícios do tempo da guerra. Na edição matinal do jornal liberal *Berliner Tageblatt*, de 10 de novembro, seu redator-chefe, Theodor Wolff, observava que

> A maior de todas as revoluções derrubou, como uma tempestade que irrompe subitamente, o regime imperial e tudo que lhe dizia respeito, em cima ou embaixo. Ela pode ser chamada a maior de todas as revoluções porque nunca Bastilha tão solidamente construída, cercada de muralhas tão sólidas, havia sido tomada de assalto. Uma semana antes ainda existia um aparelho administrativo militar e civil tão ramificado, tão entrelaçado, tão profundamente enraizado que sua dominação parecia assegurada a despeito da passagem do tempo. Os automóveis cinza dos oficiais corriam pelas ruas de Berlim; nas praças, ficavam os policiais, como pilares do poder, uma gigantesca organização militar parecia abarcar tudo; nos escritórios e ministérios reinava uma burocracia aparentemente invencível. Ontem de manhã, tudo estava lá, pelo menos em Berlim. Ontem à tarde, não existia mais nada. (apud Käppner, 2017, p.205-6)

Uma "revolução dos ponderados", subtítulo de Joachim Käppner para seu *1918 – Revolta pela liberdade*. O dia 9 de novembro tinha chegado ao fim: a monarquia acabara, mas, até então, a vitória da revolução era uma incógnita.

O novo governo

O professor Ernst Troeltsch, uma das glórias da Universidade de Berlim desde 1914, assim descreveu o comportamento dos berlinenses no dia 10 de novembro de 1918:

> No domingo de manhã, depois de uma noite angustiosa, era clara a imagem mostrada pelos jornais matutinos: o Kaiser na Holanda, a revolução vitoriosa na maioria das cidades, os príncipes alemães em vias de abdicar. Ninguém morreu pelo Kaiser nem pelo Reich! Os funcionários públicos a serviço do novo governo! Garantida a manutenção de todos os compromissos, nenhum ataque aos bancos! Domingo, 10 de novembro, um maravilhoso dia de outono. Como de costume, os berlinenses foram em massa passear em Grünewald. Nada de roupas elegantes, nem de gente barulhenta, muitos intencionalmente vestidos de maneira simples. Era tudo um pouco apagado, como pessoas cujo destino será decidido em algum lugar bem distante, embora estejam tranquilas e despreocupadas pelo fato de tudo ter se passado tão bem. Bondes e metrô funcionavam como antes, garantia de que tudo estava em ordem com relação às necessidades imediatas da vida. Em todos os rostos estava escrito: os salários continuarão a ser pagos. (apud Haffner, 1988, p.94)

A relativa tranquilidade da população era contrabalançada pela agitação do governo. Temendo perder a posição alcançada até aí, Ebert e seus aliados planejam uma coalizão dos partidos socialistas e burgueses, buscando um entendimento direto com os líderes do USPD, a fim de que fosse um fato consumado antes da assembleia dos conselhos. No dia 10, no começo da tarde, SPD e USPD concordam em formar um novo governo paritário. Encarregado do poder executivo, era composto por Ebert, Scheidemann e Landsberg, representantes dos majoritários, e, do lado dos independentes, pelos moderados Haase e Dittmann, e pelo radical Barth. Karl Liebknecht, convidado, recusa-se a participar do governo. Com isso, na prática, a Liga Spartakus passa a ser uma terceira direção, em oposição formal à linha seguida pelos outros dois partidos.

O *Vorwärts* do dia 10 de novembro, em sua edição matutina, num artigo intitulado "Não à guerra civil!", defendia com grande veemência a unidade da classe operária: "Quando um grupo trabalha contra outro, uma seita contra outra, nasce o caos russo, a decadência geral, a miséria em vez da felicidade" (Müller, 1979, p.34). Nesse primeiro momento, a alegria pelo fim do império era tanta que mesmo os trabalhadores, que antes viam os majoritários como inimigos, agora esqueciam a política belicista com suas consequências nefastas, a união sagrada com a burguesia e se recusavam a considerar qualquer discurso que questionasse essa unidade. Richard Müller conta que, em algumas fábricas, funcionários do SPD, que ainda na véspera tinham apanhado por não querer participar das manifestações, no dia 10 eram eleitos para os conselhos de trabalhadores.

Um bom exemplo desse desejo de unidade é dado pela assembleia dos conselhos convocada para o dia 10 de novembro, a partir das dezessete horas, no Circo Busch, com cerca de 3 mil pessoas (mais de 1.500 delegados eleitos). Ebert toma a palavra primeiro, fala contra a "velha luta fratricida" e é vivamente aplaudido. Karl Liebknecht, o terceiro orador a discursar, enfrenta uma assembleia tumultuada e surda a qualquer discurso (sobretudo os soldados) que aponte os majoritários como inimigos da revolução. A assembleia aprova calorosamente a união SPD/USPD, ratifica o Conselho dos Comissários do Povo como governo provisório e elege ao mesmo tempo, de acordo com as intenções dos radicais de esquerda, uma espécie de contragoverno, um Comitê Executivo dos Conselhos dos Trabalhadores e Soldados da grande Berlim (*Vollzugsrat der Groß-Berliner Arbeiter- und Soldatenräte*), cuja função, que nunca conseguiu exercer, seria controlar o Conselho dos Comissários do Povo.

Após enfrentamentos tempestuosos, os majoritários e os representantes dos soldados, contra os delegados revolucionários e seus simpatizantes, forçam a composição paritária do Comitê Executivo dos Conselhos. Isso não é nada democrático, uma vez que os independentes têm nas fábricas uma representação maior que os majoritários. Os spartakistas e a ala esquerda dos independentes, contra a paridade, acabam derrotados. Resumo da ópera: os majoritários, graças à pressão dos soldados e ao desejo de unidade da assembleia, evitam a eleição de um Comitê Executivo revolucionário, que agiria no sentido oposto ao governo dos Comissários do Povo. No final, a assembleia, fazendo de seu desejo realidade, proclama que a Alemanha se tornou "uma república socialista", e que o "poder é exercido pelos conselhos de trabalhadores e soldados".

Na verdade, havia profundas divergências entre esses dois órgãos. O governo, embora paritário, era dominado pelos majoritários – de fato, por Ebert. Os independentes eram na prática figuras de segundo plano. O Comitê Executivo dos Conselhos instala-se no dia 11 de novembro no prédio do *Landtag* da Prússia. Diferentemente do Conselho dos Comissários do Povo, estava quase sempre submetido à pressão das ruas; os trabalhadores confiavam nele. Porém, era um organismo numeroso demais para agir de maneira eficaz, constituído por 28 membros (sete delegados revolucionários, sete majoritários e catorze representantes de soldados), em sua maioria elementos heteróclitos e politicamente inexperientes. Os representantes eram eleitos um pouco ao acaso, em geral os que falavam mais e que muitas vezes não eram os mais competentes, com exceção dos membros da ala esquerda dos independentes, homens como Richard Müller (presidente do Comitê Executivo), Ledebour e Däumig (líderes da facção operária). Segundo o próprio Richard Müller, o Comitê Executivo, em contraposição ao Conselho dos Comissários do Povo, era um organismo que falava e não agia, sendo desde o início um "junco a balançar ao vento tempestuoso da revolução" (1979, p.56).

A campanha sistemática da imprensa, a hostilidade do governo e da burocracia, a sabotagem da administração, que lhe envia sem cessar todas as reclamações e o priva de recursos, fazem que o Comitê Executivo afunde rapidamente na desordem, e que no fim de novembro esteja reduzido à mais total impotência. "Era tão evidente que o próprio Ebert e amplos círculos da população […] quisessem se livrar do Comitê Executivo quanto [o era] o desejo da esquerda radical de se livrar de Ebert e Scheidemann", escreveu Arnold Brecht (apud Käppner, 2017, p.230). Por sua vez, o alto-comando do Exército via no Comitê Executivo um instrumento dos spartakistas, o que estava longe de ser verdade. A luta pelo poder é decidida a favor do Conselho dos Comissários do Povo, que fixa para 19 de janeiro de 1919 a data das eleições para a Assembleia Nacional Constituinte.

E por fim, para termos um panorama completo desse período de transição, não podemos esquecer a questão militar.

No dia 10 de novembro, o general Groener oferece a Ebert o apoio do Exército para "combater o bolchevismo"; em troca, Ebert suprimiria os conselhos mais radicais. Groener esperava assim afastar o perigo que os radicais representavam e continuar mantendo pelo menos uma parte do poder nas mãos do Exército e do oficialato, para ele o elemento mais representativo do velho prussianismo que devia ser preservado na nova Alemanha. Ebert, por sua vez, acreditava ser absolutamente necessário o apoio do alto-comando, sobretudo para resolver os problemas militares decorrentes do armistício – com as duras condições impostas pelos Aliados – e da rápida desmobilização do exército da frente ocidental, além das dificuldades de abastecimento provocadas pela continuação do bloqueio marítimo. Essa aliança polêmica foi possível porque havia entre os dois homens completa harmonia em relação a questões políticas fundamentais: o desejo de restabelecer o mais rápido possível o império da lei, e a rejeição total do bolchevismo e do sistema conselhista. Para muitos historiadores, começa aqui a traição de Ebert à revolução. Outros, mais moderados, pensam que naquele momento as tarefas a resolver requeriam essa colaboração. Mas todos concordam que a amplitude do acordo e a renúncia às transformações reivindicadas pelos trabalhadores e soldados foram muito além do que as circunstâncias impunham.

No dia 6 de dezembro, em Berlim, um banho de sangue no cruzamento da Chausseestraße [rua Chaussee] com a Invalidenstraße [rua dos Inválidos], na parte norte do bairro Mitte, acirra os ânimos. Pela primeira vez uma metralhadora é usada contra manifestantes. Resultado: dezesseis mortos e mais de oitenta feridos, a maior perda de vidas humanas na capital desde o começo da revolução. Um incidente nebuloso está por trás do episódio. Por volta das 17h45, antes da fuzilaria, um grupo de soldados e marinheiros armados dirige-se à chancelaria e proclama Ebert presidente da República; quase ao mesmo tempo 25 soldados armados entram no *Landtag* da Prússia, local em que se reunia o Comitê Executivo dos Conselhos, e prendem seus membros. Assim que a notícia da tentativa de golpe se espalha, três pequenos cortejos de manifestantes spartakistas põem-se em movimento no norte da cidade. Com o objetivo de defender o governo, o comandante de Berlim, Otto Wels (SPD), ordena que sessenta soldados fiquem no cruzamento das ruas Chaussee e Invaliden, onde colocam a metralhadora. Há muita controvérsia a respeito da responsabilidade pelo banho de sangue: social-democratas, liberais e conservadores culpam Liebknecht e os spartakistas, chamando-os de terroristas e golpistas. Estes, por sua vez, apontam o dedo para o governo dos majoritários (cf. Jones, 2017, p.95-105).

O general Groener exagerou nas promessas de ajuda a Ebert: das dez divisões oferecidas para "proteger" Berlim, só restaram 1.800 homens. No dia 10 de dezembro, os soldados do *front*, tal como programado, voltam a Berlim e desfilam diante do palanque montado perto da porta de Brandenburgo, onde estão as autoridades: Ebert, o general Lequis e o prefeito. Depois dos discursos de saudação, as tropas se dispersam. Com o Natal à porta, não havia nada que as segurasse. Os soldados, exaustos, logo que atingiam o solo alemão, abandonavam suas unidades e voltavam para casa. Na prática, o orgulhoso Exército do Império Alemão havia deixado de existir no Natal de 1918. Os soldados não obedeciam mais às ordens dos superiores. Nesse vácuo surgia uma oportunidade histórica para introduzir reformas que poderiam ter levado à constituição de um exército republicano – um "exército popular democrático", tal como preconizado no Programa de Erfurt – que se mantivesse leal e impedisse os golpes tanto da direita quanto da extrema esquerda: iniciativa que teria sido apoiada por grandes parcelas da população, fortemente ressentidas com o militarismo prussiano. Só para dar uma ideia, basta mencionar que, no início da revolução, oficiais caminhando pelas ruas tinham suas insígnias arrancadas pela população. No mês de dezembro, como veremos adiante, o I Congresso Nacional dos Conselhos de Trabalhadores e Soldados fez reivindicações para democratizar o Exército. Tudo isso foi ignorado por Ebert, que preferiu manter o acordo com Groener. Não ter criado uma força militar republicana foi um dos erros mais fatais do governo dos Comissários do Povo.

Como o velho Exército não era mais confiável, tratava-se de criar milícias de voluntários, os corpos francos (*Freikorps*), com os elementos mais fiéis do Exército que se desmobilizava. A primeira dessas milícias, o corpo de caçadores (*Landesjägerkorps*) do general Maercker, foi sancionada pelo governo no dia 16 de dezembro; em seguida, muitos outros se formaram rapidamente. Financiados pela indústria, os corpos francos, famosos pela truculência – precursores das SA nazistas –, eram formados por oficiais conservadores e monarquistas que, por causa da revolução, voltavam do *front* sem nenhuma perspectiva de futuro; por soldados que viam nesse "trabalho" bem remunerado uma saída para o desemprego; e por estudantes universitários prussianos. Estes acorreram em tal quantidade que os cursos tiveram de ser suspensos. A brutalidade característica desses milicianos é resumida posteriormente por um deles, aparentemente sem pesar: "Nós abatíamos o que nos caía nas mãos, nós queimávamos o que era inflamável" (apud Käppner, 2017, p.408). A rejeição ao socialismo, à democracia, à República, que confundiam com "bolchevismo", era o denominador comum que unia os 400 mil membros dos corpos francos que posteriormente constituíram o núcleo do Exército alemão e foram, como queria Groener, uma força poderosa no novo Estado.

O fim da monarquia no Reich e nos diversos *Länder*, bem como a instalação dos novos governos, aconteceram com o fim da guerra. No dia 6 de novembro, uma delegação alemã, chefiada – em concordância com o alto-comando – pelo político do *Zentrum*, Erzberger, partiu para negociar o armistício com a Entente, que impunha à Alemanha condições extremamente duras. Mais uma vez os militares se esquivavam da responsabilidade pela capitulação, jogando-a nas costas dos "civis". A nova República assumia assim a pesada herança da derrota, e pior: os políticos, sobretudo os de esquerda, acusados de espalhar o "veneno das intrigas spartakistas-socialistas", eram postos sob suspeição – a famosa lenda da "punhalada pelas costas"[1] – pelas forças reacionárias, que, com seus objetivos anexionistas, tinham sido de fato as verdadeiras culpadas pela desastrosa evolução da guerra e pelo colapso final. A versão de Paul Baecker, publicada no jornal conservador *Deutsche Zeitung* no dia 10 de novembro de 1918, expressa bem a ideia do clima que na época dominava os setores reacionários da sociedade alemã:

> Palavras não bastam para expressar a indignação e a dor [...]. A obra pela qual nossos pais lutaram com seu precioso sangue – apagada pela traição de dentro das fileiras de seu próprio povo! A Alemanha, ainda ontem invicta, foi abandonada aos seus inimigos por homens que trazem o nome de alemão; por felonia, foi demolida de dentro de suas próprias fileiras de forma criminosa, de forma vergonhosa!
>
> Os socialistas alemães sabiam que a paz estava a caminho e que apenas semanas, talvez dias, seriam necessárias para mostrar ao inimigo um *front* sólido, fechado, a fim de lhe arrancar condições toleráveis. Nessa situação eles ergueram a bandeira branca.
>
> É um crime que nunca poderá ser nem nunca será perdoado. É uma traição não somente à monarquia e ao Exército, mas ao próprio povo alemão, que carregará durante séculos as consequências da derrota e da desgraça. (apud Haffner, 1988, p.106)

---

[1] Judeus e marxistas foram acusados de destruir dentro do país o esforço de guerra, enquanto o Exército, fora, continuava vencendo.

Conselhos e partidos

Em poucos dias, quase sem combate, a Alemanha mudava de regime – adormeceu sob o Império, acordou sob a República. O poder imperial, como madeira carunchada, se desfez. No dia 7 de novembro, ainda existia um imperador e um príncipe chanceler; no dia 10 havia um Conselho dos Comissários do Povo e um Comitê Executivo dos Conselhos. Para um observador menos avisado, parecia que o poder estava nas mãos dos partidos dos trabalhadores, e que a cisão entre eles havia sido superada. Mas seria isso mesmo? Qual a posição das forças políticas diante da revolução e, por conseguinte, diante dos conselhos?

A primeira vez que essa forma política de organização democrática das classes subalternas, os conselhos, surgiu no Ocidente, foi com a Comuna de Paris, em 1871. Na época, era uma tentativa de superar a crise do Estado moderno decorrente das desigualdades da ordem capitalista e da pouca influência dos indivíduos nas decisões que os afetavam. Os conselhos visavam criar uma nova forma de soberania popular, pretendendo, assim, substituir (ou complementar) o Estado de direito burguês (com sua separação dos poderes) por um novo princípio estatal. Numa democracia conselhista, o povo se organiza de baixo para cima, em pequenas unidades: fábricas, comunidades, bairros, escolas etc. Os representantes nos conselhos são eleitos para cumprir tarefas precisas, e seu mandato é imperativo, ou seja, pode ser revogado a qualquer momento. A ideia é que o controle dos representantes pelos representados impediria a criação de uma casta de políticos autônoma, bem como a burocracia e a corrupção.

Os conselhos sempre surgiram em momentos de ruptura da ordem estabelecida. Assim foi com a Revolução Russa de 1905, com a de 1917, e com a Revolução Alemã de 1918. Os conselhos alemães (*Räte*) foram em grande parte criação espontânea dos trabalhadores alemães: surgiram de forma improvisada, independentemente de iniciativas partidárias, como expressão da auto-organização das massas e representavam o movimento no seu conjunto. Com delegados eleitos pelos companheiros, os conselhos eram o mais alto poder nas cidades, aldeias, quartéis e fábricas. Eram na maioria compostos por social-democratas majoritários e independentes, e muitos conselhos de soldados elegiam até mesmo representantes oriundos da burguesia.

Na medida em que eram dominados por uma maioria de social-democratas moderados e de sindicalistas, os conselhos não se viam como adversários, mas como administradores do governo de coalizão SPD/USPD, lutando por uma genérica política socialista e para destruir o Estado autoritário. Embora nas primeiras semanas da revolução tivessem poder político e militar, não souberam utilizá-lo para pôr em prática suas reivindicações sociais e políticas, tais como reforma do Exército, socialização das indústrias "maduras para isso" (minas, sobretudo) e "democratização da administração", isto é, ocupação de altos cargos administrativos por partidários do novo governo. Ficaram à espera de que o governo dos Comissários do Povo tomasse a iniciativa das reformas, porque viam como sua tarefa principal manter a ordem e a segurança públicas, reprimir a contrarrevolução, assegurar o abastecimento do país e a desmobilização do Exército (Kolb, 1984, p.311-2). Nessas primeiras semanas, os conselhos exerceram o poder sob a forma de um maior ou menor controle sobre os funcionários civis e militares, o que frequentemente acarretou tensões entre conselhos e governos locais. Essas tensões decorriam antes da falta de clareza no tocante às atribuições de cada órgão do que do desejo dos funcionários dos conselhos de se oporem ao governo.

Os conselhos chegaram a ser oficialmente reconhecidos, o que poderia ter dado início à sua institucionalização.

Tal fato não aconteceu porque, nesses dois meses, a grande maioria de seus membros não os via como instituições duradouras, mas apenas como fenômenos transitórios que dariam lugar à República Parlamentar, encarada como a mais importante "conquista" da revolução. É fato sobejamente conhecido que grande parte dos membros dos conselhos não queria uma ruptura radical; seu programa não era a revolução socialista, a ditadura do proletariado, a continuidade da revolução. Na prefeitura de Trier, um sargento, membro do conselho de soldados, assegurava que eles "não eram bolcheviques, que cuidariam para que não corresse sangue" (apud Käppner, 2017, p.228). Seus objetivos eram extremamente moderados, como veremos pelo resultado do I Congresso dos Conselhos.

Qual a posição dos partidos e grupos políticos de esquerda diante desse movimento espontâneo das massas trabalhadoras?

A Liga Spartakus defendia uma Alemanha conselhista em aliança com a Rússia soviética. O que fora alcançado até 10 de novembro não passava de meias medidas; sua palavra de ordem era "avanço da revolução". Nesse sentido, a Liga Spartakus exigia: dissolução do Conselho dos Comissários do Povo, tomada imediata do poder pelos conselhos, desarmamento da polícia, dos oficiais e dos "soldados não proletários", formação de uma milícia de trabalhadores, desapropriação das terras dos grandes e médios proprietários, desapropriação das minas, das fundições e das grandes empresas industriais e comerciais, além de se opor à convocação da Assembleia Nacional Constituinte.

Os partidários de Rosa Luxemburgo e Karl Liebknecht apoiavam decididamente a revolução, mas eram poucos, no máximo alguns milhares no começo do movimento. Diferentemente do que aparecia para os contemporâneos e do que afirmaram (por razões inversas) muitas análises posteriores da revolução, provenientes de historiadores de direita ou comunistas, a extrema esquerda, mal organizada e com poucos partidários, estava isolada no interior do movimento revolucionário de novembro-dezembro de 1918. Os ardorosos defensores da palavra de ordem "todo o poder aos conselhos" – uma nova forma de poder estatal – quase não tinham representantes nos conselhos de trabalhadores (muito menos nos de soldados) e eram pouco enraizados nas fábricas. Por isso, faziam agitação nas ruas, com o objetivo de mostrar uma força que de fato não tinham, esperando com o tempo convencer a maioria. "Ginástica revolucionária", ironizavam os delegados revolucionários de Berlim, próximos do programa da Liga Spartakus, mas que rejeitavam a tática dos spartakistas. Embora essa tática não tenha tido sucesso nas jornadas de novembro-dezembro, acabou gerando consequências negativas para os grupos de esquerda, sobretudo para os próprios spartakistas, vistos como adeptos dos métodos autoritários dos bolcheviques russos. Grande parte da opinião pública temia que a convocação da Assembleia Nacional (desejada pela burguesia, pela social-democracia e pela maioria dos conselhos) fosse prejudicada, e muitos viam a "anarquia bolchevique" a caminho.

Já o USPD entrou na revolução internamente dividido: os funcionários e os membros do partido tinham ideias muito diferentes sobre as questões básicas da política revolucionária e da nova forma do Estado e da sociedade, o que impediu uma estratégia unificada. Embora o USPD tivesse um considerável número de membros (em outubro, cerca de 100 mil; em janeiro, mais de 300 mil; os majoritários tinham, em março de 1919, cerca de 1 milhão de membros), a nítida oposição, desde dezembro, entre as alas esquerda e direita, prejudicou fortemente o partido em sua capacidade de ação.

A ala esquerda do USPD simpatizava com o programa de Rosa Luxemburgo e Karl Liebknecht, era contra as eleições para a Assembleia Nacional e a favor de um sistema conselhista, mas, apoiando-se na ação disciplinada dos operários radicais nas empresas, rejeitava a tática da Liga Spartakus, voltada para a agitação e as manifestações de rua. Richard Müller e Ernst Däumig faziam parte desse grupo.

A ala direita do USPD (o presidente Haase, Kautsky, Dittman, Bernstein), que nesse momento ditava a linha do partido, era a favor da eleição para a Assembleia Nacional, no que estava próxima da social-democracia majoritária. Mas desejava retardar as eleições para que, nesse espaço de tempo, pudessem ser assentadas as bases para uma democracia social – e nisso se distinguia dos Comissários do Povo majoritários. No entanto, só seria possível realizar a concepção da ala direita do USPD se a direção da social-democracia majoritária estivesse disposta a defendê-la, o que não era o caso, como ficou cada vez mais claro desde meados de novembro.

A direção dos majoritários considerava os conselhos órgãos transitórios que deviam ceder lugar o mais rápido possível à Assembleia Nacional Constituinte, única fonte de poder legítimo. Como dissemos, o parlamentarismo de outubro tinha realizado seus desejos. Para eles, a revolução de novembro era não só supérflua como também prejudicial, dificultando a solução dos difíceis problemas nascidos com o fim da guerra e a derrota: repatriamento de milhões de soldados no curto prazo imposto pelas condições do armistício e sua reintegração à produção, garantia do abastecimento, transformação de uma economia de guerra em uma economia de paz, manutenção da unidade do Reich, assinatura do armistício e preparação das negociações de paz. Todas essas tarefas precisavam ser executadas ao mesmo tempo e, segundo os majoritários, só poderiam ser levadas a bom termo se a administração funcionasse, se não houvesse perturbações da ordem pública e da vida econômica, se a disciplina nos quartéis fosse mantida.

Por isso, os dirigentes do SPD consideravam vital o apoio das elites dirigentes do império, sobretudo da alta burocracia, do empresariado e do oficialato. Os majoritários consideravam inoportuno fazer reformas estruturais (como queriam os independentes), ou pelo menos intervenções preventivas nas estruturas sociais e políticas – intervenções que teriam sido apropriadas em curto, médio e longo prazos para dar uma base social mais forte à democracia parlamentar que eles defendiam. Em vez disso, pressionaram depois de 9 de novembro, a fim de conduzir o movimento revolucionário o mais rápido possível para o espaço tranquilo das urnas eleitorais. Até as eleições para a Assembleia Nacional, eles governaram convictos de que exercem uma administração transitória de emergência, e de que todas as decisões essenciais sobre a nova ordem política e social deveriam ficar nas mãos da Assembleia Nacional.

Arthur Rosenberg, no seu estudo clássico sobre a República de Weimar, assim resume a atitude dos majoritários:

> Os funcionários da social-democracia majoritária viam no governo dos conselhos a ditadura violenta de uma minoria sobre a maioria do povo. Eles pensavam que os conselhos só poderiam apoiar-se nos trabalhadores das grandes empresas, excluindo o restante das massas populares. (1983, p.20)

Não percebiam que "conselhos e bolchevismo não são de forma alguma idênticos". Esse comportamento negativo com relação aos conselhos foi sobretudo representado por Ebert e Scheidemann, que conseguiram, por meio da máquina partidária, controlá-los e destruí-los. O que a direção do SPD não percebeu – e pagou caro por isso – é que os conselhos eram o sangue do partido, compostos em sua gigantesca maioria não por rebeldes incontroláveis, mas pelas bases e pelos funcionários mais ativos da social-democracia, vista por eles (ainda) como um governo revolucionário.

Do seu lado, a burguesia alemã, temerosa das possíveis repercussões que a revolução provocaria no plano econômico, procurava fazer concessões secundárias para não tocar no principal: a propriedade privada e o capitalismo. Foi ajudada nisso pelos dirigentes sindicais, igualmente hostis à revolução e que objetivavam apenas melhorar a situação dos trabalhadores dentro dos limites do capitalismo, sem de fato superá-lo. Durante a guerra, esses líderes obtiveram empregos oficiais bem remunerados e conseguiram postos longe do *front*. Partidários do que hoje se chama "sindicalismo de resultados", de negociações com os patrões, e não de ações confrontadoras como as greves, colaboraram para o acordo entre industriais e sindicatos, assinado em 15 de novembro de 1918 e que ficou conhecido como *Arbeitsgemeinschaft*, uma "comunidade de trabalho" entre patrões e empregados. Os patrões aceitavam todas as reivindicações até então rejeitadas: reconheciam os sindicatos como representantes dos operários, jornada de oito horas sem diminuição de salário, contrato coletivo, comissões paritárias para regular os conflitos trabalhistas. Em troca, os trabalhadores esqueciam suas antigas reivindicações de socialização. Com isso, a burguesia procurava se proteger contra um certo impulso socializante no tocante às minas e às usinas metalúrgicas. Os majoritários, que temiam desorganizar a produção, criaram uma "comissão de socialização" com representantes de todos os partidos, sindicatos e organizações patronais, o que na prática significava não fazer nada e, para os proprietários, ganhar um tempo precioso.

Outro problema fundamental consistiu na inexistência de reforma agrária. Já no dia 11 de novembro, os Comissários do Povo garantem aos latifundiários que não haverá "intervenção não autorizada" nas propriedades.

O governo limita-se a amenizar as péssimas condições dos trabalhadores rurais, cuja situação pouco havia mudado desde a época feudal: contra os salários de fome, começa a vigorar um salário mínimo; contra a exploração extrema, inclusive de crianças, passa a existir o direito à sindicalização. Mas, como as terras não são expropriadas, o poder dos latifundiários permanece intocado. Mais tarde eles formam a vanguarda dos inimigos da República.

Embora, como vimos, a esquerda radical adote a palavra de ordem de "todo poder aos conselhos", uma república conselhista não está na ordem do dia em novembro. Não se pode esquecer que todas as forças politicamente relevantes são a favor das eleições: a burguesia, o SPD, os sindicatos, a maioria do USPD, a maioria dos conselhos de trabalhadores e quase todos os conselhos de soldados. Rosa Luxemburgo avalia o acontecido até então com bastante realismo: "O resultado da primeira semana de revolução significa que no essencial nada mudou no Estado dos Hohenzollern. Que o governo dos trabalhadores e soldados atua como substituto do governo imperialista que foi à bancarrota [...]. Mas as revoluções não ficam quietas. Sua lei vital é avançar rapidamente, é irem além de si mesmas" (Luxemburgo, 2017, p.232). Em 29 de novembro, o Conselho dos Comissários do Povo fixa o prazo das eleições para a Assembleia Nacional: 19 de janeiro. Uma novidade importante é que agora as mulheres podem votar e ser eleitas.

I Congresso Nacional dos Conselhos de Trabalhadores e Soldados

O I Congresso Nacional dos Conselhos de Trabalhadores e Soldados, reunido em Berlim na aristocrática sala da Câmara dos Deputados da Prússia, de 16 a 21 de dezembro de 1918, mantém essa data para as eleições. A sala está lotada, as galerias repletas de ouvintes e membros dos partidos. Entre os delegados, muitos jovens, inclusive alguns oficiais, mas apenas duas mulheres. Onde antes ficavam sentados os membros do governo da Prússia, estão agora, à direita, os seis Comissários do Povo e, à esquerda, os membros do Comitê Executivo dos Conselhos da grande Berlim. Os delegados foram eleitos: um para cada 200 mil habitantes, um para cada 100 mil soldados. A composição do congresso dá-nos uma ideia aproximada do que ocorria em todo o país: de quinhentos delegados, por volta de trezentos eram do SPD, cem do USPD (dez spartakistas) e 26 do Partido Democrático. Vinte e seis operários e 49 soldados não deram informações sobre sua filiação partidária. Rosa Luxemburgo e Karl Liebknecht não foram eleitos para o Congresso, sob a alegação de não serem operários nem soldados. Uma proposta da mesa para convidá-los a participar sem direito a voto foi rejeitada sem discussão. Por 344 votos a 98, o Congresso rejeitou a moção de manter o sistema conselhista "como fundamento da Constituição da República Socialista", rejeitando também a proposta de dar aos conselhos o mais alto poder legislativo e executivo. O escritor e membro da República dos Conselhos da Baviera, Ernst Toller, tinha razão ao dizer que, com essa decisão, "A República pronunciara sua própria sentença de morte" (1990, p.83). Däumig, da ala esquerda do USPD, em seu discurso ao Congresso, chama a atenção para as consequências negativas que a liquidação dos conselhos trará para o desenvolvimento da democracia na Alemanha:

> Quando for escrita a história destas semanas revolucionárias na Alemanha, então se perguntará sorrindo: as pessoas eram tão cegas que não viam que elas mesmas puseram a corda no pescoço? [...] Porque deve ser evidente, para quem pensa com clareza, que o ânimo exultante em prol da Assembleia Nacional equivale a uma *sentença de morte* para o sistema do qual vocês agora

fazem parte, o *sistema conselhista*. (Muito bem! – agitação.) E, se vocês anseiam por formar um *clube de suicidas políticos*, deixo-lhes esse prazer, de minha parte agradeço. (Aplausos calorosos, gritos.) [...] Mas eu lhes digo: todos os seus sonhos de uma Alemanha nova, livre, inclusive cultural e intelectualmente livre, de um povo alemão que arrancou de si esse velho espírito de súdito ainda hoje profundamente entranhado nele, de uma Alemanha onde o povo tome realmente parte ativa no seu destino e não a cada dois, três anos corra às urnas com uma cédula na mão, vocês não realizarão com este velho sistema. (Ritter; Miller, 1983, p.378, 380).

Embora dominado pelos social-democratas majoritários, o Congresso dos Conselhos também adota resoluções – os "sete pontos de Hamburgo" –, sinalizando que trabalhadores e soldados social-democratas desejam que o governo avance ininterruptamente. O Congresso encarrega o governo de "começar imediatamente a socialização das indústrias maduras para isso, em especial as minas", e de "tomar todas as medidas para desarmar a contrarrevolução". Para os trabalhadores, a socialização das minas era uma reivindicação importante. Eles não esqueciam que no outono de 1914 os maiores nomes da indústria – Krupp, Stinnes, Thyssen – exigiam uma guerra de conquista, com a anexação das regiões carboníferas do Leste da França. Já para os soldados, é fundamental tirar o poder do antigo aparato militar. Como "símbolo da destruição do militarismo e da supressão da disciplina prussiana", é aprovada uma moção que propõe a supressão das patentes e de todas as insígnias, a proibição do porte de armas fora de serviço, a eleição dos oficiais, o acelaramento da supressão do Exército permanente e a constituição de um Exército popular, o tema mais sensível do Congresso, sobretudo depois do banho de sangue de 6 de dezembro e da entrada das tropas em Berlim em 10 de dezembro.

Dada a configuração do Império, não é de espantar o caráter fundamentalmente antimilitar da revolução de novembro. Os soldados queriam eliminar a disciplina prussiana, cujo símbolo era o arrogante oficial de monóculo que haviam sido obrigados a suportar durante os quatro anos de guerra. Eles sabiam, por experiência própria, que o oficialato era a base da contrarrevolução. Ademais, o que chama a atenção no resultado do Congresso é que trabalhadores e soldados, influenciados pelos majoritários, podiam ser a favor de um objetivo moderado, como as eleições para a Assembleia Nacional, e ao mesmo tempo desejar mudanças radicais, como a eleição dos oficiais e a nacionalização das fábricas.

Essas reivindicações, rejeitadas sob ameaças pelo velho poder militar, mostravam um esboço de programa em torno do qual, nessas semanas, havia amplo consenso do movimento de massas democrático. Pedia-se sobretudo a "democratização" do Exército, da administração e da economia, e esperava-se dos governos (federal e locais) iniciativas imediatas e incisivas para assegurar a nova correlação de forças alcançada com a revolução, bem como impedir que as elites reacionárias do Império se fortalecessem novamente. Ocioso dizer que os majoritários, não levando a sério as decisões do Congresso, deixaram para o dia de São Nunca todas as reivindicações democráticas apresentadas. Segundo a maioria dos historiadores, esse foi seu pecado original. Não se pode afirmar com certeza qual teria sido o resultado da experiência, só se pode lamentar que não tenha sido tentada.

Por fim, o debate sobre a divisão das competências entre Comissários do Povo e Conselho Central (*Zentralrat*, o anterior Comitê Executivo dos conselhos) prega o último prego no caixão dos independentes. Os majoritários propõem confiar aos Comissários do Povo o poder legislativo e executivo até a regulamentação posterior pela Assembleia Nacional, deixando ao Conselho Central a missão de "vigilância parlamentar". A ala esquerda do USPD, não concordando com a perda de poder que daí resultaria, propõe o boicote das eleições para o Conselho Central e, com isso, são eleitos exclusivamente 27 social-democratas majoritários.

A CAMINHO DA GUERRA CIVIL

Durante o mês de dezembro, assiste-se em Berlim à radicalização crescente do movimento de massas. Greves provocadas pelo desemprego, incidentes sangrentos entre manifestantes e soldados fiéis ao governo, como o de 6 de dezembro, enfraquecimento do poder dos conselhos, notícias sobre a formação dos primeiros corpos francos, os majoritários mais preocupados em manter a ordem que encontrar soluções para o desemprego – tudo isso torna insustentável a continuação do USPD no governo. O estopim para a ruptura é dado pelo combate contra a Divisão Popular da Marinha (*Volksmarine Division*), episódio um tanto nebuloso – que representou uma guinada na Revolução Alemã –, cujas versões variam. Muito resumidamente, trata-se do seguinte:

Desde o começo de novembro encontrava-se aquartelada no centro de Berlim (no Palácio dos Hohenzollern e num prédio vizinho, o Marstall) uma tropa de marinheiros vinda de Kiel, à qual se juntou outra de Cuxhaven, chegando a um total de 3 mil homens, depois reduzidos a 1.800, que se consideravam iniciadores e guardiões da revolução. Desde meados de dezembro, Ebert e o comandante de Berlim, o social-democrata Otto Wels, queriam diminuir o contingente para seiscentos homens, mas os marinheiros não concordavam. Como forma de pressioná-los, Wels não lhes paga o soldo. Às vésperas do Natal, trata-se de uma provocação. Depois de complicadas negociações, um acordo é concluído em 21 de dezembro: os marinheiros, liderados por Heinrich

Dorrenbach, aceitam deixar o quartel-general e devolver as chaves a Wels; em troca, serão pagos. Na segunda-feira, 23 de dezembro, os marinheiros que tinham deixado o Palácio entregam as chaves a Barth, um dos Comissários do Povo independentes, mas Wels se recusa a pagá-los. Impacientes, os marinheiros vão até a Chancelaria, esperando que Ebert resolva a questão, mas não o encontram. Furiosos, fecham todas as saídas, ocupam a central telefônica para impedir a comunicação entre Ebert e as tropas de Potsdam que, avisadas por ele, estão prontas para entrar em Berlim. Enquanto isso, outro grupo de marinheiros dirige-se à *Kommandantur* para exigir o soldo e, durante o percurso, é metralhado por um carro blindado das tropas de Wels. Saldo: três mortos e muitos feridos. Os marinheiros, exasperados, entram no prédio, fazem três reféns – Wels e dois de seus colaboradores – e os prendem no Marstall.

Na noite de 23 para 24 de dezembro, os três Comissários do Povo do SPD, sem consultar os independentes, dão carta branca ao ministro prussiano da Guerra, Heinrich Schëuch (que conservou o posto que tinha na época de Guilherme II), para libertar Wels e derrotar os marinheiros. O que sobrara das tropas que haviam entrado na capital no dia 10 de dezembro, comandadas pelo general Lequis, bombardeia o Marstall. O bombardeio chama a atenção dos trabalhadores, que se reúnem e começam a marchar em direção ao centro. Esse episódio mostra que os marinheiros não estão isolados: a multidão enfrenta os soldados do general Lequis, perguntando se não têm vergonha de atirar no povo; os soldados hesitam, alguns são rapidamente desarmados, outros largam as armas. Vitória dos marinheiros: o governo paga o que deve, é obrigado a retirar a divisão do general Lequis de Berlim, que se revelara inútil para os desígnios da contrarrevolução, e a substituir Otto Wels. Onze marinheiros e 57 soldados da tropa de Lequis morrem nesses combates.

Discordando da decisão dos majoritários de bombardear o Marstall, no dia 29 de dezembro os independentes saem do governo, seguidos por seus companheiros do governo prussiano. Essa foi a razão aparente. A razão profunda para a ruptura eram as divergências cada vez maiores entre os Comissários do Povo do SPD e os do USPD quanto aos rumos da revolução, sobretudo no tocante aos militares e ao alto-comando do Exército. Além disso, havia uma pressão crescente da ala esquerda do USPD (e sobretudo da Liga Spartakus) sobre os Comissários do Povo independentes para que deixassem o governo e denunciassem a coalizão com o SPD. Depois da saída dos independentes Haase, Dittmann e Barth do governo, e da entrada dos majoritários Noske (encarregado das questões militares) e Wissell (especialista em questões econômicas e sociais), o governo tornou-se exclusivamente um governo da social-democracia majoritária, fortemente apoiado pelos ministros burgueses e a burocracia.

Enquanto no USPD a ala direita (o presidente Haase e os teóricos Kautsky e Hilferding) perde influência, a extrema esquerda se organiza em partido independente. O Partido Comunista da Alemanha (KPD (S), anterior Liga Spartakus) – que Rosa Luxemburgo teria preferido chamar de "socialista", para distingui-lo do partido russo –, cujo Congresso de fundação se reúne de 30 de dezembro de 1918 a 1º de janeiro de 1919 em Berlim, é criado a partir do acordo entre os comunistas internacionais da Alemanha (IKD), oriundos dos radicais de esquerda de Hamburgo e Bremen, e a Liga Spartakus. Nesse Congresso, contra a posição moderada da direção do partido (Rosa Luxemburgo, Karl Liebknecht, Paul Levi e Leo Jogiches, entre outros) a favor das eleições para a Assembleia Nacional Constituinte, venceram as bases – 72 votos a 23 –, dominadas pelo radicalismo e a favor do boicote às eleições.

O esquerdismo dos militantes spartakistas, na maioria muito jovens e despreparados politicamente, é visto por vários historiadores como uma das razões para a derrota da Revolução Alemã. Não só se recusam a participar das eleições como também saem dos sindicatos dirigidos pelos reformistas por acreditarem que em quinze dias haverá um governo proletário em Berlim. A direção da Liga Spartakus é contra esse radicalismo inconsequente, mas, como veremos a seguir, os próprios dirigentes, no calor da hora, não conseguem fazer uma avaliação realista da situação e caem num impasse desastroso.

Segundo Pierre Broué, o mais grave no momento da fundação do KPD é o fracasso das conversações entre spartakistas e delegados revolucionários, o único grupo de esquerda com base de massa. Estes eram favoráveis à participação nas eleições e contra as táticas golpistas, além de terem o apoio do proletariado de Berlim. Os spartakistas, não aceitando as condições dos delegados revolucionários para aderirem ao novo partido – entre outras, abandonar o boicote às eleições, elaborar uma definição precisa da "tática de rua", retirar a referência a Spartakus do nome do novo partido – ficam isolados dos trabalhadores das fábricas.

Como vimos, a situação em Berlim radicalizou-se desde o episódio da Divisão Popular de Marinha. A partir desse momento, os trabalhadores berlinenses pendem rapidamente para a esquerda, o que produz um relativo isolamento do governo. A saída dos independentes leva os majoritários mais rapidamente para a direita, fortalecendo a aliança com os militares e a burocracia e, no *Reichstag*, a uma aproximação cada vez maior com os liberais e o *Zentrum*. Acaba vencendo a "coalizão da ordem" contra os conselhos e a esquerda radical, que defendia a continuidade da revolução. Assim, a derrota do levante de janeiro de 1919 foi preparada durante os meses de novembro e dezembro de 1918.

No domingo, 29 de dezembro, um gigantesco cortejo acompanha ao cemitério os corpos dos marinheiros mortos no Natal. As pessoas carregam cartazes em que se lê "Acusamos Ebert, Landsberg e Scheidemann de assassinos de marinheiros" e "Violência contra violência!". De punhos erguidos, a multidão grita em coro: "Abaixo os traidores!". Liebknecht e Ledebour discursam. Emil Eichhorn, chefe de polícia de Berlim, membro da ala esquerda do USPD e politicamente próximo dos delegados revolucionários, depois de uma salva de tiros em homenagem aos mortos, declara: "Nós juramos não descansar, não parar, até termos alcançado aquilo pelo que estas vítimas morreram" (apud Käppner, 2017, p.352). Começava a fase radical da revolução, fruto da desilusão e da timidez do processo revolucionário, e não porque a Alemanha estivesse, desde a queda da monarquia, às portas do bolchevismo, temor da direita e desejo da extrema esquerda.

3. Janeiro de 1919-março de 1920:
a fase radical

A insurreição de janeiro

Desde os combates do Natal e do fim da coalizão entre majoritários e independentes, mas sobretudo desde o suicídio dos conselhos no seu I Congresso, os trabalhadores berlinenses começam a sentir que a revolução está em perigo. A única solução parece ser a luta armada, mas eles não sabem muito bem como agir. Os dirigentes revolucionários, por seu turno, não dão indicações precisas do que fazer. Esse vácuo é ocupado pelas forças da contrarrevolução, lideradas por Gustav Noske – o homem certo no lugar certo –, chamado por Ebert para acabar com a anarquia dos radicais de esquerda na capital do país e que faz a brutal confissão em suas memórias: "É preciso que alguém seja o carniceiro sanguinário (*Bluthund*), e eu não temo tal responsabilidade". Segundo Volker Ullrich, a atuação de Noske marcou "um dos capítulos mais negros da história da social-democracia alemã" (apud Käppner, 2017, p.379).

A situação em Berlim estava tão tensa no início de 1919 que um acontecimento trivial acabou sendo o estopim da insurreição. No dia 4 de janeiro, Ebert e Noske vão aos arredores de Berlim inspecionar os 4 mil homens do general Maercker acantonados desde o dia 26 – tropas bem equipadas, bem armadas, preparadas para a guerra civil. Com esse trunfo na mão, o Conselho dos Comissários do Povo decide demitir o chefe de polícia, Emil Eichhorn – o único membro dos independentes ainda em posição de poder – e substituí-lo por um social-democrata de direita, Eugen Ernst, em quem o partido confia. Eichhorn recusa-se a abandonar o posto, alegando que ali chegara em novembro pelas mãos do povo e só por este seria demitido. Todas as forças de esquerda encaram a demissão como uma provocação do governo; na noite do sábado, dia 4, os independentes de Berlim fazem uma reunião com os delegados revolucionários, da qual participam Liebknecht e Pieck, e decidem convocar uma manifestação de protesto para o dia seguinte, a partir das 14 horas.

No dia 5, domingo, mais de 100 mil trabalhadores atendem ao chamado. Da manifestação à ocupação dos jornais é um pequeno passo. Ninguém fica mais surpreso com essa poderosa manifestação que os dirigentes que a convocaram. Reunidos na noite desse mesmo domingo no prédio da sede da polícia, as lideranças dos delegados revolucionários, dos independentes e dos comunistas (representados por Liebknecht e Pieck, que agiam à revelia da maioria da direção do KPD, a qual julgava que a correlação de forças era ainda desfavorável à esquerda), decidem a favor da insurreição, visando a tomada do poder.

Essa ideia problemática e prematura nasce não só do entusiasmo com a gigantesca manifestação, mas também porque o líder da Divisão Popular de Marinha, Dorrenbach, garante, num arroubo, o apoio dos marinheiros, o que de fato não acontece. Apesar das advertências dos representantes dos soldados, que numa avaliação realista temem não contar com o apoio das tropas, decide-se por 80 votos a 6 (entre eles Ernst Däumig e Richard Müller) "começar o combate contra o governo e conduzi-lo até sua queda". Com esse objetivo forma-se um "comitê revolucionário provisório" de 33 membros (ou 52, conforme a fonte), presidido por Ledebour (USPD), Karl Liebknecht (KPD) e Scholze (delegados revolucionários), que declara "assumir transitoriamente o governo".

Depois dessa decisão, chega a notícia de que a gráfica do principal jornal social-democrata, o *Vorwärts*, havia sido ocupada por um grupo de operários armados, iniciativa que mais tarde se confirmou ter partido de agentes provocadores. O *Vorwärts* será publicado, durante algum tempo, como "órgão dos operários revolucionários da grande Berlim", exigindo a queda dos "traidores" Ebert e Scheidemann, a tomada do poder pelo Conselho Central e o armamento das massas. Novos grupos, durante a noite, ocupam outros jornais, o que acirrará os conflitos.

O comitê revolucionário, nessa reunião do dia 5, surpreso com as ações espontâneas dos trabalhadores, sem saber muito bem o que fazer, limita-se a convocar nova manifestação para o dia 6, segunda-feira, às 11 horas, a qual, segundo testemunhas, foi tão grande ou maior que a do dia anterior. Desde as 9 horas, grupos de trabalhadores marcham para o centro da cidade; por volta das 14 horas já havia cerca de 200 mil trabalhadores ocupando o coração da capital – da Alameda da Vitória à Alexanderplatz, um mar de gente a perder de vista, carregando armas, bandeiras vermelhas, num tom de exasperação e de ânsia por agir. Nesse momento, como antes, as massas esperam uma orientação das lideranças, mas nada acontece. Estas, divididas quanto ao que fazer, gastam o tempo em reuniões deliberativas. Noske, em suas memórias, dirá que, "Se essa multidão tivesse tido chefes que soubessem exatamente aonde iam, nesse dia ao meio-dia ela teria dominado Berlim". Isso de fato poderia ter acontecido, mas não podemos esquecer que a capital, isolada do restante do país, não teria tido forças para resistir por muito tempo.

No decorrer do dia 6 acabam-se as ilusões da véspera: a Divisão Popular de Marinha, a única tropa revolucionária, declara-se neutra. No total são menos de 10 mil homens decididos a lutar – um pequeno grupo de amigos pessoais de Eichhorn, alguns milhares de spartakistas entrincheirados nos jornais e uma pequena parte dos delegados revolucionários. "No dia 6 de janeiro de 1919, embora ninguém soubesse, a revolução alemã tinha morrido", escreve Sebastian Haffner, um dos historiadores desses dias tumultuados.

Em nova reunião à noite, na sede da polícia na Alexanderplatz, o clima é completamente diferente. Não se trata mais de derrubar o governo, mas de tomar medidas para recuar da maneira menos desgastante possível. Os independentes e os delegados revolucionários, sentindo a derrota próxima, pressionam o governo a fazer negociações. Este, por sua vez, lança um panfleto e organiza uma manifestação diante da Chancelaria, alertando a população para a tentativa de implantar a "ditadura de Liebknecht e Rosa Luxemburgo" e pedindo o apoio de todos os cidadãos.

Na madrugada de 6 para 7 de janeiro começam as negociações (dirigidas por Ledebour e o grupo mediador do USPD) entre os Comissários do Povo, os membros do Conselho Central e os representantes do comitê revolucionário. Tudo o que se consegue é uma trégua, que serve apenas para o governo ganhar tempo. Mas, dada a situação praticamente sem saída, negociar significa para os insurretos uma tentativa de sair do impasse. Enquanto isso, os spartakistas continuam a luta: ocupação da gráfica do Reich, de dois armazéns de alimentos, da direção das estradas de ferro.

Na noite do dia 8 as negociações são interrompidas e o governo recorre à população para "pôr fim à opressão e à anarquia". O fim das negociações significa dar carta branca à repressão. A verdade é que os majoritários pouco se importam com a divisão no campo dos trabalhadores; para eles o que conta, acima de tudo, é não perder prestígio diante das antigas elites. Assim, em nome da "liberdade de imprensa", impõem a desocupação dos jornais como precondição para negociar, a começar pelo *Vorwärts*. Já o USPD quer sobretudo evitar um banho de sangue. Os comunistas, por seu lado, também se opõem às negociações, como mostram os artigos de Rosa Luxemburgo na *Rote Fahne* (Bandeira vermelha), em que endereça críticas virulentas ao USPD, dando a entender que os combates devem continuar.

No dia 9, os delegados revolucionários, o KPD e os dirigentes do comitê executivo berlinense do USPD lançam novo panfleto contra o governo, chamando a população à greve geral e às armas. Mas a maioria dos trabalhadores berlinenses se recusa a participar de uma guerra civil entre dois campos que falam igualmente em nome do socialismo. Nas fábricas, reuniões e assembleias manifestam-se quase sempre a favor do fim imediato dos combates, pelo fim da "luta fratricida", exigindo a "unidade" de todas as correntes socialistas. No dia 9, pela manhã, uma manifestação com cerca de 40 mil trabalhadores das fábricas Schwartzkopff e A.E.G. reivindica: "Proletários, unam-se, se não com seus líderes, pelo menos à revelia deles". Sob pressão desse movimento espontâneo dos trabalhadores, as negociações são retomadas na noite do dia 9 de janeiro e continuam até o dia 11.

Mas, nesse meio tempo, o governo recupera sua capacidade de ação, retomando vários alvos ocupados pelos revolucionários. Para reprimir o golpe, Noske utiliza primeiro alguns batalhões berlinenses de socorro, alguns elementos da tropa republicana e da tropa de segurança de Charlottenburg (bairro de Berlim), aos quais se junta o serviço auxiliar recém-criado pelo SPD, o *Regiment Reichstag*. A esses grupos, principalmente ligados aos social-democratas, vêm se juntar os corpos francos, formados a partir do chamado aos voluntários lançado pelo governo no dia 7 de janeiro, e pelas tropas de voluntários da direção central do exército, a partir do dia 8 de janeiro (Winkler, 2000, p.329).

No dia 11, um sábado chuvoso, sob ordem de Noske, os corpos francos constituídos pela direção central do exército, comandados pelo general Von Lüttwitz, entram em Berlim decididos a esmagar os insurretos. O combate mais violento ocorre nesse mesmo dia, quando da retomada do prédio do *Vorwärts* a tiros de canhão. Depois de duas horas de tiroteio, bandeira branca içada, uma delegação sai para negociar e é presa. O oficial dá dez minutos para a rendição incondicional; vários prisioneiros são abatidos ali mesmo. Mais tarde, durante a noite, são retomadas outras redações de jornais. No dia 12 é a vez da sede da polícia, onde ainda se encontram trezentos insurretos, cujo chefe, o comunista Justus Braun, é morto com vários de seus companheiros. Segundo Scheidemann (1923, p.261):

> Foi preciso ainda uma semana para acabar com todas as ilhas de resistência que se tinham constituído aqui e ali. Mas, exatamente uma semana antes da nossa vitória nas eleições para a Assembleia Nacional, o governo Liebknecht-Ledebour, assim como seu séquito de fanáticos e bandidos, tinha sido definitivamente liquidado.

A contraofensiva acaba por desorganizar o comitê revolucionário e também a central do KPD. Uma parte dos dirigentes se esconde ou se prepara para fugir para o exterior, outros são presos. Rosa Luxemburgo e Karl Liebknecht, que resolvem ficar ao lado dos insurretos, têm morte brutal. O assassinato dos dois líderes spartakistas, símbolo da Revolução Alemã, é sistematicamente planejado. No começo de dezembro, panfletos e cartazes incitam a matar Liebknecht. Noske e os militares organizam uma rede de espiões, a caçada humana se intensifica e os dois são obrigados a mudar constantemente de endereço para se protegerem. No dia 14 de janeiro redigem seus últimos artigos para a *Rote Fahne*, nos quais esconjuram a derrota e voltam os olhos para o futuro. Liebknecht declara, cheio de esperança: "há derrotas que são vitórias e há vitórias mais fatais que derrotas […] o mundo da humanidade redimida dominará. Apesar de tudo!". Rosa Luxemburgo, no mesmo tom, termina com estas palavras: "Esbirros estúpidos! A sua 'ordem' está construída sobre areia. Amanhã a revolução 'se levantará de novo ruidosamente' e, para seu espanto, anunciará ao som das trombetas: 'Eu fui, eu sou, eu serei!'".

Klaus Gietinger (2009) reconstrói em detalhes o que se passou nesse dia, assim como a farsa em que consistiu o posterior julgamento dos assassinos. Na noite de 15 de janeiro, Rosa e Karl são descobertos em seu último refúgio no bairro burguês de Wilmersdorf e levados ao distinto Hotel Eden, onde desde essa tarde estava aquartelada a Divisão de Fuzileiros da Cavalaria da Guarda, comandada pelo capitão Waldemar Pabst. Assim que toma conhecimento da tão desejada prisão dos líderes spartakistas, Pabst telefona a Noske. Este não dá ao subordinado ordem direta para o assassinato, mas diz-lhe ambiguamente que "ele próprio precisa responsabilizar-se pelo que tem de ser feito", o que equivale a conceder carta branca à selvageria dos milicianos. Primeiro, acertam contas com Liebknecht. O soldado Otto Runge, um tipo sanguinário contratado para o serviço sujo, dá-lhe uma coronhada na cabeça no momento em que Liebknecht atravessa o hall do hotel ao ser conduzido para fora por uma porta lateral e colocado num automóvel. Runge ainda sobe no estribo do carro para lhe assestar nova coronhada na cabeça. No Tiergarten, Liebknecht é abatido com três tiros.

Em seguida, se ocupam de Rosa Luxemburgo. Depois de curto interrogatório feito por Pabst, ela costura a bainha da saia que se rasgara ao ser apanhada e lê o *Fausto* de Goethe, esperando ser mandada novamente para a prisão, algo a que se acostumara durante a guerra. Por volta das 23h40, é levada para o *hall* do hotel pelo primeiro-tenente Kurt Vogel. Runge, que espera na saída da porta giratória, dá-lhe uma coronhada na cabeça com o rifle. Ela cai por terra; ele a golpeia novamente, antes que os outros a arrastem para o automóvel. Um soldado exibe como troféu o sapato que Rosa perde na confusão; e, da bolsa que caíra no chão, um guarda rouba uma carta de Clara Zetkin (que ele vende em 1969 por centenas de marcos). Já no carro, Rosa leva mais dois golpes no rosto, desferidos por outro soldado em pé no estribo esquerdo. Quarenta metros adiante, um tiro de pistola no ouvido esquerdo atravessa-lhe a cabeça. Quem apertou o gatilho? Gietinger sustenta, contra as versões mais antigas apoiadas na confissão de Vogel, que não foi ele o assassino, e sim o oficial Hermann Souchon. Em seguida, os soldados jogam o corpo no canal Landwehr, que atravessa o Tiergarten, de onde só foi retirado, quase irreconhecível, em 31 de maio. Logo depois do assassinato dos dois líderes spartakistas correu a versão de que Karl Liebknecht teria sido baleado numa tentativa de fuga ao ser transportado para a prisão de Moabit, e Rosa Luxemburgo, linchada pela multidão enfurecida.

Os assassinos de Karl Liebknecht e da "sanguinária Rosa, a porca judia", foram absolvidos ou tiveram penas leves graças ao veredicto escandaloso de um tribunal militar em maio de 1919, sendo considerados heróis durante o Terceiro Reich. A imprensa burguesa, para quem a morte dos dois revolucionários era consequência necessária de seu comportamento absurdo, escreve:

> Sangue clamava por sangue! O banho de sangue pelo qual Liebknecht e Rosa Luxemburgo eram responsáveis clamava por castigo. Este não tardou a chegar, e no caso de Rosa Luxemburgo foi cruel, mas justo. A polaca foi espancada até a morte. A temível e todo-poderosa cólera popular exigia vingança. (*Tägliche Rundschau*, apud Nettl, 1972, p.757)

Em 1962, em entrevista ao semanário alemão *Der Spiegel*, o mesmo Pabst de triste memória justifica o assassinato de Rosa dizendo ter sido correto "eliminar essa demagoga", porque, se fosse presa, mais cedo ou mais tarde seria posta em liberdade e voltaria a incendiar o coração das massas. Nos meses seguintes, muitos outros líderes também são brutalmente assassinados, entre eles Leo Jogiches. A *Rote Fahne* é proibida de circular por quinze dias, e o KPD entra na clandestinidade.

Com a ordem imposta a ferro e fogo, o *Vorwärts* do dia 16 de janeiro publica um artigo no mínimo surpreendente (a morte dos dois líderes spartakistas ainda não se tornara pública):

> Estamos orgulhosos de que nossa revolução se tenha mostrado generosa […] nem um cabelo dos que têm a responsabilidade pelo antigo estado de coisas foi tocado. Eles redigem seus jornais, fazem reuniões. Sentem-se, em nossa República, como peixes na água e fazem uso de sua liberdade. Que continuem! (apud Badia, 1966, p.243)

Era o mesmo *Vorwärts*, órgão oficial da social-democracia alemã, que no dia 13 havia tido a desfaçatez de publicar o poema de um certo Artur Zickler, "O necrotério" (*Das Leichenschauhaus*), verdadeiro apelo ao assassinato, cuja última estrofe dizia: "Numa única fila, mais de cem mortos/ Proletários!/ Karl, Rosa, Radek e consortes/ Nenhum, nenhum entre os mortos!/ Proletários!".

A insurreição de janeiro, muitas vezes equivocadamente chamada de "insurreição spartakista", foi considerada a "batalha do Marne da revolução", numa alusão à derrota esmagadora da ofensiva alemã de setembro de 1914. O assassinato de Rosa Luxemburgo e Karl Liebknecht chocou a opinião pública, mesmo aqueles que não compartilhavam de suas posições políticas. Para Joachim

Käppner (2017, p.415), "O pavoroso ato final marca o fim não apenas da insurreição de janeiro, mas também da própria revolução e do governo dos Comissários do Povo". O resultado é o recrudescimento ainda maior dos ódios políticos. Muitos viam o SPD como responsável pelo crime, ou pelo menos conivente. A cisão na esquerda torna-se irremediável a ponto de, no final da década de 1930, os comunistas considerarem os social-democratas um perigo maior que os nazistas. Enquanto o USPD se radicaliza, a direção do SPD procura cada vez mais às claras a cooperação com o oficialato, a alta burocracia e os partidos burgueses.

Essa radicalização, no entanto, ainda não se manifesta nas eleições de 19 de janeiro para a Assembleia Nacional que iria elaborar a Constituição de Weimar: o SPD obtém 11,5 milhões de votos (42 deputados); o USPD, 2,3 milhões (quinze deputados); enquanto os partidos burgueses obtêm, juntos, 11,5 milhões; e os de direita, que se opunham à República, 4,5 milhões. O recado do novo eleitorado de 35 milhões de pessoas, que pela primeira vez inclui as mulheres, os soldados e os jovens de vinte anos, é claro: nenhum partido tinha maioria para governar sozinho. Assim, a pequena maioria obtida pelas forças conservadoras obriga o SPD, apesar de ter mantido sua posição dominante, a formar um governo de coalizão com os partidos burgueses.

Entre os deputados da Assembleia Nacional havia 37 mulheres. A Alemanha foi o primeiro país a ter mulheres deputadas, na sua maioria provenientes dos dois partidos socialistas. Uma lavadeira, duas ex-empregadas domésticas e uma ama-seca pertenciam à bancada socialista. O *Zentrum* tinha seis deputadas, entre elas a presidente da Liga das Mulheres Católicas; e os democratas, cinco, entre elas a presidente da Federação Feminina Alemã, já mencionada.

A Assembleia Nacional instala-se em 6 de fevereiro na bucólica cidade de Weimar, longe da Berlim mergulhada na guerra civil, e em 11 de fevereiro elege Ebert (provisoriamente) o primeiro presidente da Alemanha. Este encarrega Scheidemann de formar o gabinete – uma coalizão entre SPD, o liberal DDP (*Deutsche Demokratische Partei*, ou Partido Democrático Alemão) e o *Zentrum* católico, depois que o USPD se recusou a participar –, a chamada "coalizão de Weimar", continuação da antiga coalizão para a paz de 1917.

A acirrada luta de classes que se desenrola em Berlim reproduz-se em menor escala em outras regiões da Alemanha. O período que vai de janeiro a maio de 1919 é muito mais conflituoso e radicalizado que o de novembro-dezembro de 1918. Em várias regiões do Reich, a luta pela socialização levará centenas de milhares de trabalhadores, inclusive social-democratas, à greve e, posteriormente, à luta armada. A socialização das minas de carvão é reivindicada sobretudo na região do Ruhr e na Alemanha Central.

Os combates mais violentos ocorrem durante o mês de março em Berlim. No dia 9, Noske, doravante ministro do Exército, ordena, sem nenhum apoio na lei: "Qualquer pessoa que seja apanhada com armas na mão combatendo as tropas do governo será imediatamente executada". Entre várias reivindicações políticas (libertação dos prisioneiros políticos, restabelecimento das relações diplomáticas com a Rússia soviética, constituição de uma guarda operária, dissolução dos corpos francos), os grevistas de Berlim exigem o reconhecimento dos conselhos de trabalhadores. Durante a greve de março, brutalmente reprimida por Noske, Leo Jogiches, que desde janeiro dirige o KPD, é preso e assassinado.

O que havia começado em novembro de 1918 como um movimento pacífico pela paz e pelo fim da monarquia se transforma num movimento radical: os trabalhadores ocupam fábricas, jornais e prédios públicos, nascem algumas repúblicas conselhistas de curta duração (Bremen, Munique), em muitos lugares ocorrem enfrentamentos armados. Essa segunda fase da revolução é frequentemente caracterizada pelos historiadores como a verdadeira Revolução Alemã. De fato, agora as ideias radicais predominam – o objetivo é uma mudança profunda no sistema político e econômico. Mas nessa segunda fase falta precisamente aquilo que fez o movimento de novembro-dezembro de 1918: a grande mobilização popular e a base de massas.

A revolução de 1918-1919 só acabará com o massacre selvagem dos movimentos grevistas, dos tumultos e das experiências conselhistas do início de 1919 pelos corpos francos. Passa a reinar na Alemanha a ordem imposta a ferro e fogo pelo governo da ala majoritária do SPD, legitimado pelas eleições à Assembleia Nacional e apoiado pelas forças conservadoras.

A SITUAÇÃO NA BAVIERA

Os historiadores disseram frequentemente que muito se alcançou na Alemanha com a revolução de 1918. No plano político, a República substitui o Império; leis sociais acompanham a mudança de regime: jornada de oito horas, voto das mulheres, reconhecimento dos sindicatos. No plano ideológico, a Alemanha também se moderniza: a divisão em castas se atenua, as ideias social-democratas se difundem, chegando até a Universidade. Contudo, forçoso é reconhecer que parte dessas conquistas estava inscrita no programa dos liberais de 1848 – era preciso impedir que elas fossem postas em questão.

Ao mesmo tempo, os historiadores também insistem que se conseguiu muito pouco em face das oportunidades revolucionárias então existentes. A possibilidade de democratizar radicalmente a administração, a economia e a política, como vimos até agora, não foi utilizada pelos majoritários no governo.

O modelo de uma transformação mais profunda da sociedade – com a ajuda dos conselhos, em vez da eliminação destes –, tal como iniciada na Baviera pelo moderado Kurt Eisner, embora não tenha passado de um experimento de curta duração, mostra que havia brechas que não foram aproveitadas. O exemplo de Munique indica que a cooperação dos conselhos na gestão dos assuntos públicos não conduzia necessariamente ao bolchevismo – o grande espantalho da direita e dos socialistas moderados –, mas poderia ter aberto o caminho para instituir uma forte democracia parlamentar e social. Segundo Arthur Rosenberg, "A Baviera oferecia o modelo de uma combinação racional entre conselhos e legalidade parlamentar" (1983, p.68). Trata-se evidentemente de uma hipótese, e não podemos ignorar que dificilmente a revolução teria podido manter-se no Sul do país, isolada de uma Alemanha contrarrevolucionária.

Mas afinal, o que se passava em Munique, capital da Baviera, que diferia do restante da Alemanha, dominada desde o fim de janeiro de 1919 pela contrarrevolução ligada ao nome de Noske? Ainda segundo Rosenberg (1983, p.66),

> Na Baviera não havia corpos francos, reconstrução do antigo sistema militar, armamento da burguesia e, sobretudo, os social-democratas não lutavam uns contra os outros. Esse desenvolvimento peculiar da Baviera era em primeiro lugar obra do presidente [*Ministerpräsident*] Eisner.

Kurt Eisner era uma figura peculiar no movimento revolucionário da época. Judeu nascido em Berlim, projetou-se como crítico de teatro e jornalista do *Vorwärts*, do qual foi demitido antes da guerra por ser adepto do revisionismo de Bernstein. Em 1910, com 43 anos, mudou-se para Munique. Em 1914, apoiou os créditos de guerra, imputando ao czar da Rússia a maior responsabilidade pela explosão do conflito. Mas, após analisar os documentos referentes ao assunto, entrou para o USPD, tornando-se cada vez mais radical, o que não significa que tenha abandonado totalmente suas concepções revisionistas.

Eisner organizou em Munique um círculo de discussão reunindo uma centena de operários e intelectuais. Daí saíram os primeiros adeptos do USPD da Baviera, cerca de quatrocentas pessoas no verão de 1918, quadros de sólida formação que exercem influência sobre os operários da fábrica Krupp – uma empresa de munição com 6 mil trabalhadores, numa cidade com 600 mil habitantes – e que organizaram uma rede de homens de confiança nas outras fábricas.

O grupo mantinha relações com a ala de tendência socialista da Liga Camponesa, dirigida por Ludwig Gandorfer, amigo pessoal de Eisner. Durante a guerra, Gandorfer conseguiu, com seu talento de orador, atrair para a sua organização grande parte dos camponeses, sobretudo do sul da Baviera. Tradicionalmente conservadores e fiéis à monarquia, os camponeses haviam se radicalizado e uma parte deles não via mais no *Zentrum* católico o seu partido, que na Baviera era o Partido Popular Bávaro (*Bayerische Volkspartei*, BVP). Como os trabalhadores urbanos, eles também queriam mudar rapidamente uma situação insuportável – e além disso punham em questão o conhecido conservadorismo do meio rural bávaro. A Liga Camponesa adquiriu para a população rural o mesmo significado que o USPD obtivera para os trabalhadores das grandes cidades.

Embora Eisner não fosse um político no sentido estrito da palavra, nem um líder partidário, em janeiro de 1918 organizou uma grande greve de trabalhadores em Munique, o que o fez passar nove meses na prisão. Solto em outubro, em novembro liderou a revolução em Munique. Porém, havia outro fator, aparentemente independente da correlação das forças sociais, que explica o papel de liderança de Eisner: a forte tradição separatista da burguesia e dos camponeses bávaros. Na época do Império, a Baviera permanecera um reino independente, que havia conservado a ficção de uma política externa e de um exército próprios. A população predominantemente católica desconfiava da Prússia protestante e se sentia ligada à vizinha Áustria, que, por sua vez, ao perder o império, procurava unir-se a outros povos de língua alemã. Eisner soube aproveitar esse sentimento, apoiando as reivindicações separatistas da população bávara. Daí, em parte, sua grande popularidade.

Nas primeiras semanas de novembro, a capital da Baviera assiste a manifestações quase diárias que exigem o fim da guerra. No dia 3 de novembro, Eisner dirige-se a milhares de pessoas na Theresienwiese (centro de Munique), insistindo na paz imediata e defendendo um governo "verdadeiramente popular, emanação de todas as camadas laboriosas". No dia 5 chega a notícia do levante dos marinheiros de Kiel e Wilhelmshaven, e o clamor revolucionário sobe de tom. De nada adianta a reforma ministerial anunciada no dia 2 pelo rei Ludwig, incorporando dois ministros do SPD. Opondo-se a essa iniciativa, Eisner convida o SPD e os sindicatos para uma grande manifestação no dia 7 de novembro. Erhard Auer, líder dos majoritários, que representa na Baviera a linha Ebert-Scheidemann e que é constante adversário de Eisner, concorda em participar com o objetivo de controlar as massas na rua.

A manifestação pela paz, liderada por Eisner nesse dia 7, decide a favor da greve geral e da tomada dos quartéis. O rei, sem tomar conhecimento da atmosfera tumultuada que toma conta da cidade, faz seu passeio habitual pelo Jardim Inglês. É insultado e aconselhado rudemente por um trabalhador a voltar rápido para casa, o que ele consegue com dificuldade. O escritor Oskar Maria Graf, na companhia de Eisner durante a manifestação, descreve os acontecimentos daquele dia:

A marcha tinha começado e não podia ser detida. Não havia contradefesa. Todos os atiradores tinham como que desaparecido. De muitas janelas abertas, pessoas observavam, curiosas. Por todo lado novos grupos, alguns armados, vinham juntar-se a nós. A maioria das pessoas ria e conversava como se fosse a uma festa. De vez em quando eu me virava e olhava para trás. Parecia que toda a cidade marchava. [...] A maioria dos quartéis se entregou sem luta. Depressa houve um certo sistema nessa conquista: um grupo atacava, a massa esperava. Em poucos minutos aparecia uma bandeira vermelha numa janela, e irrompia poderoso júbilo quando o grupo reaparecia. (apud Höller, 1999, p.47)

Por volta das 21 horas todos os quartéis estão nas mãos dos revoltosos; às 22 horas dominam todos os ministérios, a sede da polícia, a estação ferroviária, os correios, o telégrafo. Eisner proclama o "Estado livre da Baviera", o fim da monarquia e da guerra, sendo eleito presidente dos conselhos de trabalhadores e soldados da República da Baviera. O rei e seus ministros fogem da cidade e o antigo aparato militar e policial capitula por todo lado, sem resistir à insurreição que se espalha como fogo em pasto seco. E assim, dois dias antes do restante do país, a mais antiga monarquia da Alemanha, uma anciã de 738 anos, acaba na Baviera sem derramamento de sangue.

Eisner era extremamente popular em Munique. Os trabalhadores o apoiavam, e até mesmo os social-democratas majoritários tinham se posto desde o primeiro dia a serviço da revolução, que na Baviera apresentava uma peculiaridade: a simpatia dos escritores e intelectuais pelo movimento. Ernst Toller, Gustav Landauer e Eric Mühsam chegaram a participar do governo. Outros, como Lion Feuchtwanger, Oskar Maria Graf, Rainer Maria Rilke, embora sem participação ativa, apoiavam-no. Outros ainda, mesmo com reservas a respeito da revolução, simpatizavam com Eisner e com alguns membros do governo. Era o caso do filósofo Martin Buber, do maestro Bruno Walter e do sociólogo Max Weber, que chegou a fazer parte do conselho de operários e soldados de Heidelberg, cuja atuação julgava de maneira muito favorável.

E havia também o famoso caso dos irmãos Mann. O mais velho e mais conhecido à época, Heinrich, aceitou a presidência do "conselho político dos trabalhadores intelectuais", pondo-se a serviço da revolução. Já Thomas Mann, que rejeitava essa posição, retirou-se totalmente da vida pública, revelando em seu diário forte carga de antissemitismo contra os "literatos judeus" que governavam a Baviera.

A futura comunista e companheira de Luiz Carlos Prestes, Olga Benario, é outra personagem que também teve ligações, ainda que indiretas, com esses acontecimentos. Não é difícil imaginar que o clima revolucionário da época tenha influenciado a menina de 11 anos, filha de um próspero advogado de Munique, e contribuído para o seu futuro engajamento na causa revolucionária. O fato é que, aos 15 anos, ela se ligou à Juventude Comunista. Um ano mais tarde, passou a viver com Otto Braun, jovem professor que havia participado da República dos Conselhos e que posteriormente faria uma carreira importante no movimento comunista internacional.

De Munique, a revolução estende-se a toda a província. Em algumas cidades os conselhos governam; em outras, dividem o poder com o prefeito e a administração municipal existente até então. Os conselhos eram a única coisa que ainda funcionava depois que as velhas estruturas de poder, carcomidas, foram varridas pacificamente.

O governo Eisner

Eisner dirige o novo governo em aliança com o SPD. Convida Auer para o cargo de ministro do Interior, a fim de impedir que os social-democratas majoritários caiam nos braços da reação.

Contrariamente ao que acontecia em Berlim, o governo se apoiava nos conselhos: desejava aumentar-lhes o poder, não eliminá-los. Diferentemente de Friedrich Ebert, que só queria liquidar a revolução, e de Karl Liebknecht, que exigia da revolução o que ela não queria dar, Eisner propunha uma república conselhista que correspondia à situação real da Alemanha. Ou, em outras palavras, propunha a convivência entre Parlamento e conselhos. Nas jornadas de novembro, 6 mil conselhos haviam sido criados. Em Augsburg, centro da indústria têxtil, eles eram praticamente governo; em outros lugares, assumiram as funções dos antigos funcionários públicos. E, em contraste com o restante da Alemanha, uma parte dos camponeses também tinha se organizado em conselhos, sobretudo no Sul, com a Liga Camponesa. Na Baviera, como por toda a parte, com maior ou menor clareza, os conselhos encarnavam o desejo de mudança da população, o que Eisner soube aproveitar para levar adiante seu projeto político.

Para ele, os conselhos eram os alicerces da democracia, o que permitiria uma crescente democratização interna do país e impediria o fortalecimento da reação. Os conselhos seriam um meio de educar politicamente as massas, na medida em que exerceriam funções de controle de toda a vida pública. Não era claro como o sistema deveria funcionar, a não ser que conselhos e Parlamento teriam de conviver num sistema equilibrado de divisão de poderes, em que caberia aos primeiros a tarefa de codirigir o Parlamento e representar diretamente a vontade popular, enquanto este mantinha suas funções legislativas, apesar de não poder agir de forma totalmente independente dos conselhos. Eisner não era ingênuo, ele tinha consciência das tensões entre conselhos e Parlamento, mas via nelas um elemento positivo, que impediria que a política se imobilizasse numa atividade formal.

A ideia é que só assim a democracia poderia se enraizar, porque os conselhos dariam vida ao Parlamento, que deixaria de ser um órgão meramente formal, solto no ar. Nas palavras de Eisner:

> Uma vez estabelecido o espírito revolucionário, temos essas instituições livres, os conselhos, armas melhores que granadas e metralhadoras, e os gases venenosos do passado se dispersam e desaparecem em face das dores de parto purificadoras do novo espírito. Este é o trabalho para o futuro, esta é a política revolucionária: o atual fortalecimento intelectual das massas; a educação das massas faz que se torne impossível no futuro todo regime reacionário. (apud Höller, 1999, p.98)

O que subjazia a essa proposta era a ideia de que, na Alemanha de 1918-1919, o Parlamento não bastava para destruir as velhas estruturas do *Kaiserreich* e garantir a vitória da revolução. Tanto que, enquanto o primeiro Congresso dos Conselhos em Berlim, em meados de dezembro de 1918, votava contra a proposta de República Conselhista, a Baviera mantinha no Reich sua trajetória particular, permanecendo fiel ao pensamento conselhista.

Para levar adiante sua política, Eisner procura colaboradores dispostos a aceitar posições de liderança nos conselhos. Encontra os intelectuais judeus Gustav Landauer e Ernst Toller. Landauer, historiador da arte, pensador anarcossindicalista, orador cativante, foi pacifista durante a guerra, tendo exercido forte influência sobre Eisner e Toller. O pensamento utópico de Landauer, exposto em *Aufruf zum Sozialismus* (Apelo ao socialismo), sua obra mais importante, publicada em 1911 e sempre remanejada, era um sintoma típico de uma Alemanha que se modernizava a contragosto. Landauer critica no marxismo e na social-democracia a crença inabalável no progresso, que vê como doença dos tempos modernos. Ele propõe substituir a cidade capitalista por uma comunidade rural socialista, ao mesmo tempo agrícola e industrial, onde as tradições camponesas deverão ser conservadas, renovadas e desenvolvidas. Não por acaso, seu amigo Martin Buber via nele um "conservador revolucionário". Convidado por Eisner a participar do governo, entra para o conselho de trabalhadores como deputado para a Educação e Cultura.

Toller é também um personagem típico – e fascinante – dessa época de metamorfoses brutais. Tendo-se alistado como voluntário no Exército alemão, treze meses de horrores no *front* politizaram-no e transformaram-no em pacifista militante. Depois de um colapso nervoso, volta à vida universitária em Heidelberg e Munique, onde é, durante algum tempo, aluno de Max Weber, este já na época um intelectual respeitado. Toller conta na sua autobiografia que a juventude universitária alemã se sentia atraída pela personalidade e probidade intelectual do grande sociólogo, que durante a guerra, em conversas informais com um círculo próximo, não temia pôr em risco sua liberdade e atacar o imperador, que considerava um "diletante pretensioso" e o mal maior que assolava o país.

Mas o juízo favorável sobre Max Weber não impede o jovem Toller de perceber o abismo que os separa. Enquanto o ilustre sociólogo se contenta com o fim da monarquia e o sufrágio universal, o jovem poeta e dramaturgo expressionista quer a redenção da humanidade por meio da revolução, necessariamente não violenta. Eisner o conhecia pela participação na greve de janeiro de 1918. Convidado para o governo, foi nomeado segundo presidente do Conselho Central dos conselhos de trabalhadores, camponeses e soldados da Baviera.

Com os conselhos de trabalhadores e soldados também são criados conselhos de escritores, professores, estudantes universitários e de escolas secundárias. Munique dava a impressão, diferentemente de Berlim, de que as mudanças ocorriam tranquilamente, numa atmosfera pacífica, razão provável para que, até aquele momento, não tivesse ocorrido derramamento de sangue.

Entretanto, apesar da moderação com que Eisner procura levar adiante sua política transformadora, ele tem de enfrentar a oposição da Igreja Católica, forte e conservadora na Baviera. Em 16 de dezembro, um decreto do governo, retirando a obrigatoriedade do ensino religioso nas escolas, provoca críticas violentas, sobretudo dos pequenos povoados católicos e do clero, que passa a atacar Eisner abertamente.

Por sua vez, as forças políticas conservadoras da Baviera, com o fim da guerra e a derrota da Alemanha imperial, também tratam de se reunir. Têm como denominador comum o nacionalismo crescente, o antissemitismo, o desejo de autonomia com relação à Prússia e a rejeição da nova República bávara. Embora atuem dentro da legalidade, esperam que ela sucumba e dê lugar a uma nova era. Oswald Spengler, típico representante dessa mentalidade conservadora, assim se manifesta:

> [...] precisamos de um castigo, em relação ao qual os quatro anos de guerra ainda são pouco, até que chegue o tempo em que os pequenos grupos, a nobreza prussiana e os funcionários prussianos [...] sejam chamados a liderar, tal como em 1813 e 1870; até que o terror tenha acumulado tal revolta e desespero que uma ditadura, algo napoleônico, seja sentida em geral como redenção. Mas então o sangue precisa correr, quanto mais, melhor; não é possível uma ridícula condescendência sob a forma de regimes da maioria e tolerância de todas as opiniões, como imaginam nossos ridículos literatos com relação à Assembleia Nacional. Primeiro, violência; depois, construção, não pelo diletantismo político das maiorias, mas pela tática superior dos poucos que nasceram e têm vocação para a política. (apud Höller, 1999, p.79)

A extrema direita, por seu lado, diferentemente do restante do Reich, organiza-se na Baviera desde os primeiros dias da revolução. Um exemplo típico é a *Thule-Gesellschaft* (Sociedade Thule), precursora do movimento nazista na Alemanha, da qual fazem parte Rudolf Hess e Alfred Rosenberg (mais tarde conhecidos nazistas) e que é presidida por Rudolf von Sebottendorf. Numa reunião da *Thule-Gesellschaft*, no dia 9 de novembro de 1918, seu presidente diz o seguinte:

> Vivenciamos ontem o colapso de tudo aquilo em que confiávamos, de tudo aquilo que era caro e valioso para nós. No lugar de nossos príncipes consanguíneos domina hoje nosso inimigo mortal, o judeu. O que se desenvolverá a partir do caos ainda não sabemos. Podemos imaginar. [...] A revolução de ontem, feita por gente de raça inferior para abastardar os germanos, é o começo da purificação. [...] Agora trata-se de lutar [...] até que a cruz gamada se erga vitoriosa. (apud Höller, 1999, p.81)

Assassinato de Eisner

Eisner sabia que para as massas alemãs a alternativa entre conselhos e Parlamento não estava posta, mas que a verdadeira alternativa era um sistema de controle mútuo que estabelecesse o equilíbrio entre o poder de ambas as instituições. Ele também tinha consciência da inexperiência dos conselhos e de que precisavam de tempo para se constituir como instituições democráticas de base. Por isso queria que as eleições para o *Landtag* fossem adiadas e, quando tal coisa não era mais possível, que fosse retardado o início dos trabalhos parlamentares.

As eleições ocorrem no dia 12 de janeiro de 1919. O resultado mostra o que Kurt Eisner temia, e que era de esperar na católica Baviera. O Partido Popular Bávaro (BVP) obtém 35% dos votos e 66 cadeiras; o SPD, 33% dos votos e 61 cadeiras; o USPD de Eisner é o grande derrotado, com 2,5% dos votos e três cadeiras de um total de 180.

Mas Eisner, que continua na presidência, não dá muita importância para esse resultado; o fundamental são os conselhos, que o apoiam. Essa situação acaba levando a um conflito aberto entre ele e seu ministro do Interior, Auer, e a uma crise entre conselhos e *Landtag*.

A verdade é que, desde meados de dezembro, as dificuldades são crescentes para Eisner. O curso contrarrevolucionário que se apodera do restante da Alemanha começa a fazer-se sentir também na Baviera. Uma parte dos camponeses que votam no BVP, a classe média urbana e uma parte da social-democracia majoritária se opõem veementemente aos conselhos. Ao mesmo tempo, Eisner é atacado por um lado pela esquerda radical (spartakistas e anarquistas), que rejeita sua moderação, e por outro pela extrema direita, além de ter de enfrentar uma situação econômica extremamente difícil (aumento do desemprego, problemas de abastecimento etc.).

Para piorar o quadro, a partir das eleições começa uma campanha da imprensa burguesa e de alguns jornais social-democratas exigindo que ele deixe o governo, o que culmina numa tentativa frustrada de golpe por parte de um grupo de marinheiros, estudantes nacionalistas e membros da *Thule-Gesellschaft* no dia 19 de fevereiro. Como os conselhos permanecem leais a Eisner, o golpe fracassa.

Esse clima conturbado, na semana anterior à sessão inaugural do *Landtag*, prevista para 21 de fevereiro, se traduz politicamente na oposição entre conselhos e Parlamento. Tanto os conselhos quanto as bancadas dos partidos se reúnem no prédio do *Landtag*. Dirigidos por Auer, os partidos discutem a possibilidade de um governo de coalizão entre social-democratas e liberais, deixando de fora os católicos, o maior partido parlamentar. Os conselhos, por sua vez, preparam-se para uma "segunda revolução", caso um governo parlamentar, como no restante do Reich, os deixe de fora. Eisner estava disposto a desistir do cargo de presidente e deixar a Auer o terreno parlamentar. Mas queria ficar na liderança dos conselhos e, se fosse preciso, dirigir a "segunda revolução", uma vez que, para ele, o fundamental era a consolidação dos conselhos na nova Constituição.

Entretanto, as coisas tomam outro rumo. Na manhã do dia 21 de fevereiro, enquanto se dirige para o prédio do *Landtag*, levando na pasta seu discurso de demissão, Eisner é covardemente atingido por um tenente de 22 anos, o conde Anton von Arco Valley, e morre imediatamente. O assassino, gravemente ferido por um segurança de Eisner, sobrevive; condenado, é perdoado, e vive até 1945. Arco Valley, esperando ser morto no momento do ataque, deixa um bilhete explicando seu gesto:

> Eu odeio o bolchevismo, sou alemão e penso em alemão, odeio os judeus, amo o verdadeiro povo bávaro, sou monarquista fiel até a morte. Eisner é bolchevique, é judeu, não é alemão, não se sente alemão, ele solapa todo pensamento e sentimento patriótico, é um traidor da pátria. Todo o povo bávaro grita: fora com ele! Ele não vai embora – então... (apud Höller, 1999, p.149)

Segundo Rosenberg:

> Na pessoa de Eisner, a Revolução Alemã e, sobretudo, o operariado socialista alemão perderam o único estadista criativo que havia surgido desde novembro de 1918. Nos tempos vindouros, de impotência e mediocridade, a falta de Eisner deveria ser fortemente sentida. (1983, p.67)

A notícia do assassinato se espalha rapidamente. Um membro do conselho de soldados, Alois Lindner, corre enfurecido para o *Landtag* e atira em Auer, a quem ele considerava (sem razão) o mandante do crime. No meio da confusão, mata outros dois deputados, mas acaba conseguindo escapar. Auer, gravemente ferido, sobrevive, porém fica anos fora de combate. O Parlamento, em pânico, se dispersa, os trabalhadores de Munique se armam, o Comitê Central dos Conselhos da Baviera assume o poder. Os tiros em Eisner e Auer impedem que a revolução na Baviera siga seu curso moderado – os conselhos, em vias de desaparecer, recebem novo impulso.

SEM GOVERNO

> O tiro de Arco alarma a República, as massas populares excitadas exigem vingança para Eisner, o Conselho Central dos conselhos de trabalhadores, camponeses e soldados assume o governo, proclama a greve geral, impõe o estado de sítio na Baviera, convoca o Congresso dos Conselhos; o operariado, desiludido com a inatividade da República no plano social, exige que a revolução política seja finalmente seguida pela revolução social; o que se conseguiu na Rússia também se deve conseguir aqui, o parlamentarismo fracassou, a ideia da República Conselhista ganha as massas. (Toller, 1990, p.86)

É assim que Toller resume a situação logo a seguir à morte de Eisner. Em meio à comoção geral criada pelo assassinato do presidente, Munique é tomada por um clima de anarquia. Outra testemunha, o escritor Oskar Maria Graf, dá uma ideia do que se passava:

> Vi pessoas que tremiam, pálidas de cólera e sedentas de sangue. Por todo lado repetiam-se os mesmos gritos clamando por vingança. As massas entraram em movimento, a multidão fluía pela cidade. Era diferente, totalmente diferente do 7 de novembro. Se agora alguém se

levantasse e gritasse "Matem os burgueses! Incendeiem a cidade! Destruam tudo!", isso aconteceria. (apud Höller, 1999, p.159)

O funeral de Eisner, acompanhado por um cortejo de 100 mil pessoas, mostra que na consciência popular ele tinha se tornado um mártir da revolução.

Os conselhos são a única autoridade que resta em face do caos. Reunidos no prédio do *Landtag* abandonado pelos deputados, elegem um Conselho Central da República Bávara para governar provisoriamente, sob a presidência de Ernst Niekisch, jovem mestre-escola em Augsburg. Embora membro do SPD, Niekisch defendia o pensamento conselhista e tinha como objetivo pôr em prática o "legado de Eisner", ou seja, um compromisso entre conselhos, Parlamento e partidos socialistas.

Durante duas semanas realiza-se o Congresso dos Conselhos, em que muito se discute. Na primeira sessão, os anarquistas, representados pelo escritor Eric Mühsam, propõem a proclamação da República Socialista, a ditadura do proletariado e relações com a Rússia soviética, sendo apoiados por Toller, Landauer e Klingelhöfer. Embora não sejam comunistas, acreditam que o único caminho para salvar a revolução é um sistema conselhista nos moldes soviéticos.

Mas a maioria social-democrata no Congresso dos Conselhos rejeita a proposta e entra em negociações com os partidos burgueses, o que leva à decisão de convocar o *Landtag* no mais curto prazo: a ele caberia o poder legislativo e executivo, os conselhos seriam apenas consultivos. O Congresso dos Conselhos aprova essa deliberação, o que cria uma cisão no USPD: o grupo de Toller, que não concorda, aproxima-se crescentemente dos comunistas e anarquistas, enquanto o USPD bávaro apoia os majoritários. No SPD, só o grupo de Niekisch se opõe a essa decisão.

O *Landtag* se reúne no dia 7 de março e elege o antigo ministro da Instrução Pública do gabinete Eisner, Johannes Hoffmann, o novo presidente da Baviera. Hoffmann, que assume o cargo no dia 17 de março, defendia o parlamentarismo como sistema de governo; os conselhos de soldados teriam vida breve, e os conselhos de trabalhadores se transformariam em câmaras de trabalho. Nessa perspectiva, os conselhos teriam no máximo um significado econômico, não político.

No final de março, a economia bávara está em frangalhos – problemas com o abastecimento de alimentos e energia, desemprego crescente, mercado negro em alta, como na época da guerra. A esperança de começar a resolver os problemas econômicos surge quando o ministro da Economia, Josef Simon, convida, no dia 21 de março, o economista e filósofo vienense Otto Neurath, membro do SPD e defensor do planejamento econômico, para participar do governo.

O plano de Neurath consiste em dividir o conjunto da produção por áreas, produzir e distribuir tudo segundo princípios socialistas e garantir a cada indivíduo habitação, alimentação, vestuário, educação e lazer. Para isso é preciso levar em conta as necessidades da população, não o lucro dos empresários. Nas suas palavras: "Assim como a economia pôde se tornar útil à guerra por meio do programa de Hindenburg, dever-se-ia também poder torná-la útil à felicidade de todos" (apud Höller, 1999, p.171). O modelo da "socialização total" proposto por Neurath é apoiado por uma grande parte da social-democracia; também as lideranças do BVP (Partido Popular Bávaro) simpatizam com as ideias cooperativistas que Neurath, seguindo Kropotkin, quer pôr em prática para agradar a Landauer e Mühsam, anarquistas com grande influência em Munique.

A confusão reina na capital da Baviera. Ninguém mais sabe quem governa. Perplexidade e insegurança por todo lado, transportes parados, greves selvagens, comércio fechado. Filas para pão (que não há) se formam constantemente; a fome aumenta. A vida cotidiana saiu dos eixos e uma pressão gigantesca ameaça a cidade. A única esperança – e pequena – vem do planejamento econômico de Neurath, que, apesar da energia com que é defendido por este, infelizmente não sai do papel.

Hoffmann não consegue governar. Após sofrer uma derrota política, imposta pelos defensores do planejamento econômico que ele rejeita, resolve por conta própria, em 3 de abril, para mostrar que ainda lhe resta algum poder, convocar o *Landtag* para o dia 8 seguinte. Resultado: forte reação, sobretudo dos comunistas e anarquistas membros dos conselhos, que encaram isso como verdadeira provocação. Vendo-se perder o controle da situação, Hoffmann vai a Berlim aconselhar-se com Scheidemann e Noske. Volta a Munique no dia 5, convicto de que não deve fazer nenhuma concessão aos conselhos, e também com a promessa de Noske de enviar o Exército para reprimir os revoltosos em caso de necessidade.

Entretanto, a situação havia se radicalizado na Baviera, a ponto de o ministro da Guerra, o majoritário Ernst Schneppenhorst, em uma reunião com os membros dos conselhos – anarquistas, comunistas, membros da Liga Camponesa, do USPD e alguns majoritários –, propor a República Conselhista como a única solução para o momento. A proposta evidentemente não é ingênua: ela visa manter o SPD no poder e pôr os comunistas sob seu controle. Na prática, seria um governo dos três partidos de trabalhadores, SPD, USPD e KPD, apoiado nos conselhos. Mas Eugen Leviné, recentemente chegado a Munique para reorganizar o KPD, se opõe incisivamente à proposta:

> Nós, comunistas, temos a maior desconfiança de uma República Conselhista cujos promotores são os

ministros social-democratas Schneppenhorst e Durr, que sempre combateram essa ideia de todas as maneiras. Pensamos que se trata da tentativa de líderes falidos que procuram ganhar o apoio das massas por meio de uma ação pseudorrevolucionária, ou então de uma provocação consciente. Sabemos, pelos exemplos do Norte da Alemanha, que os socialistas majoritários tentaram várias vezes desencadear ações prematuras para poder sufocá-las mais facilmente. Não se proclama uma República Conselhista burocraticamente, ela é o resultado da vitória do proletariado após duros combates. O proletariado de Munique ainda tem essas lutas decisivas pela frente. O momento é muito desfavorável. Na Alemanha Central as massas foram derrotadas e se reagrupam. A Baviera não é uma unidade econômica fechada que possa viver por muito tempo isolada. Assim que tivesse passado a embriaguez inicial, eis o que aconteceria: ao primeiro pretexto os majoritários se retirariam e trairiam conscientemente o proletariado. O USPD participaria, depois hesitaria, negociaria, traindo assim inconscientemente. E nós comunistas pagaríamos com o sangue dos melhores dentre nós os erros de vocês. Nós nos recusamos a ser o bode expiatório. (apud Badia, 1975, p.146-7)

Ao final do discurso, Schneppenhorst, numa explosão de cólera, grita: "Deem uma bofetada no judeu!". E os comunistas não conseguem que sua posição sensata prevaleça.

A primeira República dos Conselhos – A República dos intelectuais

Os acontecimentos fora da Alemanha despertavam as esperanças das massas. No dia 22 de março fora proclamada a República Conselhista na Hungria. Na Áustria, onde predominava uma versão de esquerda da social-democracia, os conselhos continuavam com uma força importante. Parecia possível a muitos trabalhadores a formação de um bloco revolucionário formado por Áustria-Hungria-Baviera, que poderia chegar até Moscou. Essa ideia afigurava-se ainda mais plausível nos últimos dias de março de 1919, momento em que, na região do Ruhr, começava uma greve geral; em Stuttgart, o estado de sítio era proclamado; e em Frankfurt, os tumultos se alastravam pela cidade.

Na noite de 6 de abril, no palácio Wittelsbach, o Conselho Central, os delegados dos partidos socialistas, dos sindicatos e da Liga Camponesa decidem proclamar a República dos Conselhos. São nomeados doze comissários do povo (não mais ministros), e também aqui, segundo Toller, se revelou "a inconsciência, a desorientação, a confusão da Revolução Alemã".

Para o cargo de comissário das Finanças é indicado Silvio Gesell, economista não ortodoxo admirado por Landauer e mais tarde elogiado por Keynes em seu livro *Teoria geral*. Para Gesell, o dinheiro deveria ser apenas um meio de troca, não de entesouramento visando a render juros. O dinheiro aplicado deveria ter um custo e perder valor, como acontece com as mercadorias que ficam estocadas. Quem tivesse cem marcos na conta em janeiro só teria noventa no fim do ano. Isso correspondia à perda de valor que as mercadorias sofriam no mesmo espaço de tempo. A partir daí Gesell concebe a ideia de uma "moeda livre", que deve perder gradualmente o valor para desestimular sua acumulação e incentivar o consumo e as inversões produtivas. Ele espera eliminar a exploração capitalista por meio desse tipo de reforma monetária, e telegrafa para o presidente do Banco Central, comunicando-lhe suas intenções. Recebe uma resposta lapidar: "Cuidado com experimentos!". Todo esse projeto, que não é sem fundamento, é traduzido pela imprensa bávara como "Gesell quer pegar nosso dinheiro!". Os bancos são cercados pelos clientes, cada um procurando salvar o que é possível. É a primeira vez que uma parcela considerável da população se volta contra os conselhos.

Otto Neurath, defensor do planejamento, continuou, como vimos, presidente do gabinete central da Economia (*Zentralwirtschaftsamt*). Como seria possível a colaboração entre pessoas que defendiam teorias tão opostas?

Para o cargo de comissário do Exterior é indicado um certo dr. Lipp, cujas capacidades ninguém conhece – sabe-se apenas que usa barba cerrada e sobrecasaca. Toller, ao pedir informações sobre ele a um trabalhador, fica sabendo que o dr. Lipp conhecia pessoalmente o Papa. E ironicamente acrescenta: "Outros homens, que não conheciam pessoalmente o Papa, e sim o cura da aldeia, obtiveram cargos". Na confusão que reina em Munique se sobressaem elementos duvidosos, até mesmo patológicos, como se revela pouco depois ser o caso do dr. Lipp.

O próprio Toller, na época um jovem estudante de 25 anos que não tinha a menor noção de economia nem de administração, é nomeado presidente do Conselho Central. No juízo severo de Rosenberg, Landauer, o comissário da Educação, é o único homem significativo no novo governo, mas só se interessa por questões éticas e culturais, não tendo nenhum poder para controlar a "loucura política" que domina aquele bando de "sonhadores". O tom radical com que os intelectuais entram em cena se manifesta logo no início pelo seguinte telegrama, enviado ao governo da Hungria:

> A República Conselhista da Baviera segue o exemplo do povo russo e húngaro. Ela travará imediatamente relações fraternas com esses povos. Em contrapartida, rejeita toda colaboração com o desprezível governo de Ebert, Scheidemann, Noske, Erzberger, o qual, sob a bandeira da República Socialista, leva adiante a tarefa

imperial-capitalista-militar do Império Alemão, que desabou vergonhosamente. (apud Höller, 1999, p.175)

Nos conselhos existem duas tendências que se opõem: de um lado, o grupo dos intelectuais, que naquele momento está no governo; de outro, pela primeira vez na Revolução Alemã, os comunistas liderados por Eugen Leviné.

Leviné, filho de judeus alemães, nascido em Petersburgo e criado na Alemanha, foi enviado a Munique no início de março pela direção do KPD com o objetivo de reorganizar o partido na Baviera. Em um mês consegue pôr de pé uma pequena organização e começa a ser conhecido nos conselhos como um revolucionário enérgico, autoritário, sem ilusões. Nessa primeira fase, Leviné é o maior opositor da República Conselhista na Baviera, pensando que os conselhos ainda não estão maduros para governar. Eles precisam primeiro se organizar, se disciplinar, se armar; só aí poderão tomar o poder, mas sozinhos, sem fazer alianças. Ele não tinha como modelo a proposta de Eisner de convivência entre conselhos e Parlamento, mas um puro sistema conselhista nos moldes bolcheviques. Além disso, enquanto não existissem certos pré-requisitos, como um partido forte e bem organizado apoiado pela maioria dos trabalhadores e capaz de coordenar as ações em todo o país, a tomada do poder era vista por Leviné, que seguia as diretrizes do KPD, como uma aventura irresponsável.

Assim, Leviné denuncia a "pseudorrepública conselhista", que, segundo ele, abre o flanco para a intervenção dos corpos francos, e se recusa a participar do governo. Landauer, Mühsam e Toller tentam em vão convencê-lo a mudar de ideia. Em contrapartida, os partidos burgueses, por falta de alternativa, apoiam o novo governo.

Toller, em seu fascinante relato do dia a dia da revolução, mostra que tinha consciência das dificuldades a enfrentar. Mas, diferentemente dos comunistas, vê a nova situação como um golpe audacioso de massas desesperadas que querem salvar a Revolução Alemã. Como tudo isso acabará?

O primeiro dia da nova República é feriado. Trabalhadores endomingados passeiam pelas ruas, burgueses assustados falam dos acontecimentos da noite anterior, caminhões cheios de soldados atravessam a cidade, a bandeira vermelha tremula no palácio Wittelsbach.

Os trabalhos começam. Vários decretos que nunca saíram do papel são publicados: socialização da imprensa e das minas, reorganização dos bancos, criação de um tribunal revolucionário e do exército vermelho, confisco de moradias visando a melhorar a falta de habitações, regulamentação do abastecimento.

Enquanto o exemplo de Munique é imitado, a partir do dia 8, por quase todas as grandes cidades da Baviera, Hoffmann e os ministros social-democratas majoritários transferem-se para Bamberg, ao norte da província, que não havia aderido à República Conselhista. Com isso, na prática, a Baviera passa a ter dois governos. O de Bamberg continua executando as tarefas governamentais e prepara a ofensiva contra Munique. A partir do norte, o governo pode controlar as cidades importantes da província, com exceção de Augsburg, e com isso consegue bloquear o abastecimento da capital e começar a reunir tropas.

Toller (1990, p.91-2), no resumo irônico dos pedidos e propostas que recebia como presidente do Conselho Central, dá nota da bizarrice reinante:

> Nas antessalas do Conselho Central as pessoas se apertam, todos acreditam que a República Conselhista foi criada para satisfazer seus desejos privados. Uma mulher quer se casar imediatamente, até agora teve dificuldades, faltam papéis necessários, a república dos conselhos precisa salvar sua felicidade pessoal. Um homem quer que

se obrigue seu senhorio a dispensá-lo de pagar aluguel. Formou-se um partido de cidadãos revolucionários que exige a prisão de todos os seus inimigos pessoais, antigos parceiros de boliche e colegas de clube.

Reformadores da vida incompreendidos oferecem seus programas de saneamento da humanidade; a obra de suas vidas, combatida há décadas, garante que finalmente agora a Terra se transforme num paraíso. Eles querem curar o mundo a partir de um ponto; se aceitarmos as premissas, a lógica deles é inatacável. Uns veem a raiz do mal no consumo de comidas cozidas; outros, no padrão-ouro; outros, no uso de roupas de baixo não porosas; outros, no trabalho mecanizado; outros, na falta de uma língua e uma estenografia unificadas; outros, responsabilizam as lojas de departamentos e a educação sexual. Todos eles trazem à lembrança aquele sapateiro sábio que, numa brochura alentada, demonstrava categoricamente estar a humanidade moralmente enferma apenas porque fazia suas necessidades elementares em espaços fechados e utilizava papel artificial. Se ela passasse esses minutos nos bosques e se servisse de musgo natural, pontificava ele, os conteúdos tóxicos de suas almas também evaporariam no cosmos, e, como boas pessoas, purificadas de corpo e alma, voltariam ao trabalho, seu sentimento social se fortaleceria, o egoísmo desapareceria, o verdadeiro amor pela humanidade despertaria e o reino de Deus na Terra, há tanto prometido, despontaria.

No dia 13 de abril, as tropas do governo Hoffmann entram em Munique na tentativa de retomar o poder. O escritor e poeta anarquista Eric Mühsam dá sua versão dos acontecimentos:

> A burguesia estava extremamente nervosa, pois, embora nenhuma medida ditatorial tivesse sido tomada,

havia uma série de sintomas que deixavam clara a distinção entre uma República Conselhista e um Estado burguês. Sobretudo a ocupação dos bancos, o racionamento dos saques em dinheiro e a eliminação do segredo bancário tiveram um efeito esmagador sobre os capitalistas. Eles sentiam-se fortemente ameaçados: na sua segurança, pelo desarmamento da polícia; no seu ímpeto contrarrevolucionário, pelo tribunal revolucionário; no seu direito de proprietários do conforto doméstico, pela ação enérgica do comissário de Habitação, Wadler. E também as declarações de Gesell contra o capital especulativo estavam suspensas como uma espada de Dâmocles sobre sua existência. Eram razões suficientes para tentar algo decisivo. O golpe foi executado na noite de 12 para 13 de abril (Domingo de Ramos) sob a direção e o incitamento dos socialistas majoritários. Às 4 horas da madrugada fui tirado da cama por membros da tropa de proteção republicana – que pouco tempo antes nos tinha assegurado total lealdade –, preso e levado à estação, onde no decorrer da manhã mais doze companheiros chegaram. (apud Höller, 1999, p.211)

O golpe havia sido planejado em Bamberg por Seyfferitz (social-democrata fundador da tropa de proteção republicana, cujo objetivo era proteger os membros do governo), Hoffmann e Schneppenhorst, que uma semana antes tinha proposto a República Conselhista. Um telegrama de Ebert, do dia 12 de abril, pressionando para que o governo dos conselhos fosse rapidamente eliminado, fez que Hoffmann (que no início hesitava) aprovasse o golpe. Numa sangrenta batalha de rua que durou cinco horas e acabou na estação central com um saldo de mais de vinte mortos e cem feridos, as tropas de Schneppenhorst foram derrotadas por uma milícia improvisada de trabalhadores, sob a direção do marinheiro comunista Rudolf Egelhofer, um dos líderes da revolta dos marinheiros de Kiel em novembro de 1918, e do escritor anarquista Kurt Sontheimer.

A SEGUNDA REPÚBLICA DOS CONSELHOS – A REPÚBLICA DOS COMUNISTAS

Depois do golpe fracassado das forças do governo, os comunistas de Munique mudam surpreendentemente de tática e se põem a defender a República dos Conselhos. Uma semana antes, o Partido Comunista havia declarado que a República Conselhista não tinha condições nem internas nem externas de sobreviver, que os trabalhadores não tinham alcançado a maturidade, que a tomada do poder só servia para fortalecer a reação. Por que agora essa guinada de 180 graus, contra a estratégia da direção do partido, que a todo custo queria evitar que se repetisse o desastre da insurreição de janeiro em Berlim? A hipótese mais provável para a mudança de postura dos comunistas de Munique é que tenham sido surpreendidos com a unidade dos trabalhadores na defesa da República contra os golpistas.

Na noite de 13 de abril (os combates na estação central ainda não tinham cessado), Leviné convoca uma reunião dos conselhos de trabalhadores e soldados da capital e proclama a segunda – a "verdadeira" – República dos Conselhos, contra ordem expressa de Paul Levi, a liderança mais expressiva do KPD, que queria impedir novo banho de sangue. O Conselho Central é dissolvido e cria-se então um comitê com quinze membros (KPD/USPD e alguns majoritários de esquerda), com um Conselho Executivo (*Vollzugsrat*) de quatro pessoas (duas do KPD e duas do USPD) dirigido por Leviné. O novo governo decreta algumas medidas populares, como confisco dos víveres armazenados, proibição da imprensa burguesa e greve geral por tempo indeterminado. Egelhofer é nomeado comandante do exército vermelho; embora a derrota pareça inevitável, ainda consegue reunir cerca de 10 mil homens e lhes dar uma organização e formação rudimentares. Tanto ele quanto Leviné tinham consciência da dificuldade da tarefa, mas estavam dispostos a sacrificar-se pela revolução mundial que, segundo as convicções revolucionárias típicas da época, mais cedo ou mais tarde acabaria vencendo.

Posteriormente, na defesa perante o tribunal de Munique, Leviné reconstitui suas declarações naquela ocasião:

> Na reunião dos conselhos havia um clima de "nós não desistimos". Lembro-me de ter dito: "Temo que de qualquer jeito vocês estejam perdidos. Agora se trata, pelo menos, de naufragar de maneira honrosa. Se vocês decidirem que devemos lutar, então nós, comunistas, não os abandonaremos". Nós considerávamos dever dos líderes dos trabalhadores ficar junto do proletariado. (apud Rosenberg, 1983, p.219)

Da mesma forma que durante a insurreição de janeiro em Berlim, Rosa Luxemburgo se opunha à tomada do poder por um pequeno grupo que não teria condições de mantê-lo, mas, no momento em que o proletariado berlinense decide ir à luta, ela fica a seu lado por considerar ser esse o seu dever, Leviné segue o mesmo caminho: quando os trabalhadores decidem combater, o papel das lideranças é acompanhá-los e, se não houver saída, morrer com dignidade. Uma concepção heroica da política, hoje inconcebível.

Na noite de 15 de abril, os sinos começam subitamente a tocar em Munique. Espalha-se o boato de que os guardas contrarrevolucionários avançam sobre a cidade, numa segunda tentativa de derrubar o governo dos conselhos. Rapidamente é organizada a defesa: trabalhadores das fábricas e soldados, um tanto de crianças, outro de idosos, alguns uniformizados, outros à paisana. Um verdadeiro "Exército de Brancaleone", confuso, mal armado, mal treinado. Toller, que apesar das objeções iniciais ao novo governo tomava parte na resistência, é eleito pelos trabalhadores para comandar uma unidade do exército vermelho. Porém, ao receber ordens de Egelhofer para bombardear Dachau, cidade perto de Munique onde se concentravam as forças contrarrevolucionárias, não obedece. Em vez disso, usa a infantaria, alegando não querer pôr em risco a vida de civis, sobretudo dos camponeses de Dachau, de quem tinha apoio. Felizmente, a resistência das tropas de Hoffmann é mais fraca do que imaginavam os revolucionários, e elas acabam por recuar.

Mais tarde, Toller rejeita nova ordem de Engelhofer para fuzilar os reféns. Ele se justifica nas suas memórias dizendo que "generosidade em face dos opositores vencidos é a virtude da revolução. [...] nós lutamos por um mundo mais justo, exigimos humanidade, temos o dever de ser humanos". No seu entender, os soldados prisioneiros, irmãos que seguiram um caminho errado, deviam se convencer por conta própria da justeza da causa revolucionária e decidir livremente se queriam ficar com os revolucionários ou voltar para casa. Mas o fato é que, alguns dias mais tarde, esses mesmos soldados, cujas vidas haviam sido poupadas, voltam a combater a revolução.

Em virtude dessa dupla insubordinação, Toller é acusado por Leviné de alta traição e covardia perante o inimigo e criticado por não aproveitar a vitória do exército vermelho para fazer avançar a causa dos conselhos na Baviera. Essas críticas no calor da hora ignoravam o óbvio, como o próprio Leviné havia reconhecido uma semana antes: a revolução estava condenada numa Baviera cercada pela contrarrevolução. Em nome da justiça histórica com relação a Toller (acusado de maneira infundada por alguns historiadores comunistas), era perfeitamente sensato, naquelas circunstâncias desesperadas, não querer arriscar inutilmente a vida de forças militares despreparadas e mal armadas.

A vitória da contrarrevolução

Depois dessa segunda derrota, o governo Hoffmann decide pedir ajuda aos corpos francos de Noske para aniquilar a República dos Conselhos. A lista dos membros dos corpos francos que entram na cidade é um verdadeiro "quem é quem" do movimento nazista: Rudolf Hess, que no começo da década de 1930 é nomeado presidente do comitê central do partido nazista; Ernst Röhm, mais tarde chefe do Estado-Maior das SA; Heinrich Himmler, mais tarde comandante das SS; Hermann Esser, antecessor de Goebbels como chefe da propaganda do partido nazista, só para mencionar os mais conhecidos.

Para os homens no governo, logo fica evidente que a vitória em Dachau apenas servira para adiar a derrota. No dia 20 de abril Augsburg capitula; cinquenta pessoas morrem. No dia 22 de abril o governo decide armar os trabalhadores de Munique. Com um grande desfile de tropas que procura mostrar a força do exército vermelho, acaba a greve geral decretada nove dias antes e que tinha deixado a cidade em dificuldades econômicas ainda maiores.

O ataque a Munique começa no dia 23 de abril; no dia 30 a cidade é cercada. Cerca de 100 mil soldados são recrutados para o ataque; os revolucionários têm apenas alguns milhares. A questão crucial era o que fazer com tal desigualdade de forças: valia a pena arriscar um banho de sangue ou era melhor tentar negociar com o governo de Bamberg? Todos sabem, inclusive os comunistas, que a situação é insustentável, porém, estes insistem numa solução militar, considerando que negociar é uma traição. Acreditam que o proletariado aprenderá com a derrota e se tornará mais ativo.

O conflito entre os comunistas, que rejeitam acordos, e os independentes, que querem evitar o pior, se exacerba violentamente nos últimos dias, a ponto de Toller se demitir do comando da tropa. A política dos comunistas nessas três semanas no poder foi praticamente determinada pela invasão iminente, o que leva o enérgico Engelhofer a tentar impor a ditadura do exército vermelho, visando a um mínimo de controle sobre o inimigo interno. O grupo mais visado era a *Thule-Gesellschaft*, que espionava e passava informações para fora da cidade. Os guardas vermelhos ainda conseguem prender vinte membros desse grupo, mas a maioria já tinha fugido para o norte da província ou se anexado aos corpos francos.

Nesse meio-tempo, as negociações entabuladas pelos moderados com o governo, em Bamberg, não levam a resultado nenhum; os generais não querem saber de acordos: "Eles odeiam a Baviera, só ali a República era poderosa, só ali o povo defendia a revolução de novembro. Aniquilando a República Conselhista, queria-se atingir a República", escreve Toller (1990). Os generais exigem a rendição incondicional da cidade e a entrega de todos os líderes, algo inaceitável para os conselhos. Não havia mais escolha, o combate era inevitável.

No dia 30 de abril chega a notícia das atrocidades cometidas pelas tropas do governo que avançavam em direção à capital. Estas matavam não só membros da guarda vermelha, mas também civis, no caso um grupo de enfermeiros. Em represália, Engelhofer dá ordem para fuzilar dez reféns: sete membros da *Thule-Gesellschaft*, um certo professor Berger, que depois se descobriu ter sido um engano, e dois soldados das tropas governamentais. Segundo Sebastian Haffner (1988): "Este foi o único ato de terror verdadeiro comprovado na Revolução Alemã – e ele deveria levar a uma vingança terrível". Quando Toller toma conhecimento das execuções, corre para o local e ainda consegue libertar um grupo de prisioneiros escondidos na cave.

Com isso o governo dos conselhos explode: uma maioria dirigida por Toller obriga Leviné a se demitir no dia 29 de abril e procura ainda negociar, inutilmente, com o governo de Bamberg. Resta o exército vermelho, que continua lutando por conta própria, mas não pode impedir a derrota. No dia 29 de abril cai Dachau; no dia 30 as tropas de Noske entram na cidade pelo sul, pelo leste e pelo oeste.

No dia 1º de maio, os corpos francos desfilam pelo Schwabing, bairro boêmio de Munique, e são entusiasticamente saudados pela população. De um dia para o outro o exército branco, formado por soldados da Prússia, de Württemberg e por corpos francos, substitui o exército vermelho. Bandeiras e braçadeiras vermelhas desaparecem como que por encanto. O repórter Victor Klemperer escreve:

> Hoje um clichê jornalístico generalizado e mentiroso diz que conquistadores invasores "são saudados como libertadores pela população salva e exultante". Mas a respeito da entrada das tropas em Munique no dia 1º de maio de 1919 não posso realmente dizer nada além disto: vieram a cavalaria bávara pesada e dragões württemburgueses com bandeiras pretas e vermelhas, vieram o corpo franco Epp com a cabeça de leão dourada dentro do losango preto no braço e prussianos com o crânio branco dos hussardos de Potsdam na boina. Todos foram saudados com aclamações e lenços balançando; cigarros e charutos lhes foram oferecidos. Houve uma verdadeira festa popular diante da Universidade onde no momento estão aquarteladas as tropas prussianas. Pela primeira e única vez na minha vida – a glória não durou dois dias – vi uma alegre confraternização bávaro-prussiana. (apud Weidermann, 2017, p.244-45)

No dia 2 de maio é liquidado o último foco de resistência. A imprensa alemã fez enorme estardalhaço com os fuzilamentos por parte dos vermelhos, chamando-os de execução de civis. Mais tarde se revelou que os membros da *Thule-Gesellschaft*, segundo seu chefe Rudolf von Sebottendorf, no livro *Bevor Hitler kam* (Antes da chegada de Hitler), publicado em 1933, eram de fato conspiradores:

> Finalmente pode-se dizer o que até agora não podia ser dito para não dirigir o ódio do "sistema" contra os pioneiros. Não é mais preciso ocultar que aquelas sete pessoas da *Thule-Gesellschaft* não morreram como reféns, não; foram assassinadas porque eram antissemitas. Elas morreram pela cruz gamada, caíram como vítimas dos judeus, foram assassinadas porque se queria aniquilar os preparativos para a sublevação dos nacionalistas. (apud Höller, 1999, p.243)

Esses fuzilamentos e as prisões feitas pelos revolucionários servem para alimentar horripilantes notícias falsas sobre o "terror vermelho" levado a cabo por esses novos "comunardos" – como execuções em massa de reféns – e de pretexto para desencadear uma onda de terror branco como nenhuma cidade alemã, nem mesmo Berlim, tinha visto até então. Denúncias infundadas levam à morte sumária de indivíduos sem qualquer participação nos combates. Setecentas pessoas são fuziladas, homens, mulheres, crianças. Milhares são presas, ninguém está a salvo de denúncias. Oskar Maria Graf anda pelas ruas de Munique e testemunha:

> Instalou-se pavorosa denunciação. Ninguém estava seguro. Quem tinha um inimigo podia entregá-lo à morte com algumas palavras. Agora, de repente, lá estavam de novo os cidadãos antes escondidos, andando solicitamente atrás das tropas com os rifles a tiracolo e

as braçadeiras em azul e branco das milícias. Com verdadeira ganância procuravam com os olhos, apontavam aqui e ali, corriam atrás de uma pessoa, batiam-lhe aos gritos, cuspiam-lhe em cima, davam-lhe pontapés como selvagens e arrastavam o espancado semimorto até os soldados. Ou era mais rápido: o desavisado parava petrificado, a matilha atacava, cercava-o, ouvia-se um tiro, estava acabado. Rindo, satisfeitas, as pessoas iam embora. (apud Weidermann, 2017, p.247)

Os necrotérios são pequenos para abrigar tantos cadáveres; é preciso abrir valas comuns, como no tempo da guerra; o cheiro da morte se espalha pela cidade.

Os massacres prosseguem até o dia 8 de maio. No dia 6, 21 católicos reunidos são confundidos com spartakistas e fuzilados. Várias centenas de revolucionários são executados sem julgamento. Landauer, comissário da Cultura e Educação do primeiro governo dos conselhos, é baleado várias vezes e, como ainda respira, pisoteado até a morte. Mühsam, condenado a quinze anos de prisão, consegue mais tarde, com a ajuda do governo russo, deixar a Alemanha. Os dois economistas políticos têm sorte diferente: Otto Neurath é condenado a um ano e meio de prisão, que não precisou cumprir porque o governo austríaco obteve sua transferência para Viena, enquanto Silvio Gesell não sofre qualquer pena. Leviné, apresentado como agente bolchevique, é julgado por uma corte marcial, condenado à morte e fuzilado. De nada adiantam os telegramas pedindo o indulto, assinados entre outros por Albert Einstein e pelo ministro social-democrata Scheidemann. No dia do julgamento, pronuncia estas palavras, que passaram a fazer parte da mitologia comunista:

> Nós comunistas somos todos mortos em licença. Tenho consciência disso. Não sei se os senhores vão prorrogar minha licença ou se serei mandado para junto

de Karl Liebknecht e Rosa Luxemburgo. De qualquer maneira aguardo a sentença com calma e serenidade interior. Pois sei que sentença os senhores pronunciarão. (apud Höller, 1999, p.263)

Fuzilado duas horas mais tarde, morre gritando "Viva a revolução mundial!". Toller é testemunha do terror branco que varre as ruas de Munique. Ele conta em suas memórias casos espantosos de violência sádica contra os revoltosos, que anunciam os tristes tempos que virão. Noske, ministro da Defesa, envia ao comandante das tropas contrarrevolucionárias o seguinte telegrama: "Pela cautelosa e bem-sucedida condução da operação em Munique, manifesto ao senhor meu profundo reconhecimento, e às tropas, meu mais cordial agradecimento" (apud Toller, 1990, p.144).

Toller consegue se esconder durante um mês, mas depois de muitas peripécias é preso no dia 4 de junho. Max Weber testemunha em seu favor, dizendo estar seguro de seu idealismo, bem como de sua imaturidade política. O jovem Toller era, segundo ele, um homem de princípios, alheio à realidade política, que inconscientemente apelara para os instintos histéricos das massas. E, num misto de ternura e sarcasmo, Weber afirma a respeito de seu antigo aluno: "num acesso de fúria, Deus fez dele um político" (apud Marianne Weber, 2003, p.774).

Talvez graças à intervenção do ilustre sociólogo, talvez graças aos protestos dentro e fora da Alemanha contra o fuzilamento de Leviné, Toller acaba sofrendo pena mais leve: cinco anos de prisão, que cumpre integralmente. Quando, em 1933, os nazistas chegam ao poder, emigra para os Estados Unidos, onde vive em condições muito difíceis. Sua autobiografia, publicada naquele mesmo ano, termina num tom de esperança, depois dos cinco anos de cárcere (1990, p.167):

Não, nunca estive só nesses cinco anos, nunca só no mais desolado abandono. O sol me consolou, como a lua, o vento que acariciava a poça d'água e a ondulava em círculos fugidios, a grama que crescia na primavera entre as pedras do pátio, um olhar bondoso, uma saudação de pessoas queridas, a amizade dos camaradas, a fé em um mundo de justiça, de liberdade, de humanidade, um mundo sem medo e sem fome.

Estou com trinta anos.

Meus cabelos vão ficando grisalhos.

Não estou cansado.

Suicidou-se no dia 22 de maio de 1939 num hotel em Nova York.

Em uma avaliação comedida da experiência conselhista bávara (matizando o juízo de Weber sobre seu caráter visionário), Toller (1990, p.112) resume bem a epopeia que acabamos de relatar: "Todos nós fracassamos. Todos cometemos erros, todos temos culpa, todos fomos incapazes. Tanto os comunistas quanto os independentes". Com o fim da República dos Conselhos da Baviera, encerra-se a Revolução Alemã e acabam-se as ilusões dessa época sobre a facilidade da tomada do poder.

A Constituição de Weimar

A Constituição elaborada pela Assembleia Nacional Constituinte a partir de um anteprojeto do jurista liberal de esquerda Hugo Preuss (com a colaboração de Max Weber), do DDP, foi oficialmente promulgada no dia 14 de agosto de 1919. Em pontos essenciais, a nova Constituição se ligava às tradições liberais e democráticas de 1848. Ela conservava o caráter federal da Alemanha e os dois órgãos legislativos, *Reichstag* e *Reichsrat* (no lugar do *Bundesrat* da época do Império), mas este último com menos poder.

O órgão político central era doravante o *Reichstag*, eleito por quatro anos pelo sufrágio universal. O chanceler e os ministros eram responsáveis perante ele. A seu lado, o *Reichsrat* (Conselho do Reich) era composto por delegados dos *Länder*, cujo número era proporcional à população desses diversos *Länder*, agora em número menor. O poder do *Reichsrat* estava reduzido a um veto suspensivo. A Constituição previa uma terceira assembleia, um *Reichswirtschaftsrat* (Conselho Econômico do Reich), de caráter consultivo, na qual estavam representadas as organizações sindicais de operários e empregados, bem como as associações patronais. Os social-democratas viam nesse conselho a prova do caráter social da República.

No capítulo sobre os direitos dos cidadãos, a Constituição ia além dos direitos fundamentais tradicionais (igualdade perante a lei, inviolabilidade das pessoas e domicílios, segredo da correspondência e ligações telefônicas, liberdade de pensamento, opinião e reunião, representação das minorias, sufrágio universal), o que incluía um certo número de artigos concernentes à família e à juventude.

Mas o que chamava a atenção na Constituição de Weimar era o famoso artigo 48, introduzido por conselho de Max Weber. Ele dava ao presidente do Reich (diretamente eleito pelo povo para um mandato de sete anos e podendo ser reeleito) poderes excepcionais, "caso a segurança e a ordem públicas sejam gravemente afetadas ou ameaçadas no Reich alemão", o que significava poder decretar o estado de sítio, suspender os direitos fundamentais, instituir tribunais de exceção, dissolver o *Reichstag*, autorizar o chanceler a governar por decretos-lei. Em suma, o presidente tinha poderes ditatoriais que foram utilizados mais tarde, de 1930 a 1933. Foi se valendo do artigo 48 que o marechal Hindenburg, então presidente da República, nomeou Hitler para o cargo de chanceler em janeiro de 1933. Segundo o historiador Pierre Broué, todas as disposições democráticas da Constituição não passavam de cláusulas secundárias diante do artigo 48, que dava ao Estado instrumentos para aniquilar "toda tentativa revolucionária ou mesmo toda evolução democrática inquietante no interior do quadro constitucional" (1971, p.286). Foi no quadro dessa Constituição apresentada na época como "a mais democrática do mundo", que Ebert decretou o estado de sítio no final de setembro de 1923 – e que mais tarde se instaurou a ditadura de Hitler.

Por fim, deve-se mencionar que a falta de ousadia dos constituintes, refletindo o compromisso entre as classes característico do governo de coalizão, os levou a praticamente ignorar a criação mais original da revolução de novembro – os conselhos de trabalhadores –, limitando-se a uma pequena menção à cogestão operária no quadro de conselhos econômicos.

Desde fevereiro de 1920, o artigo 165 da Constituição, que previa a participação dos trabalhadores nas decisões por meio de um sistema escalonado de conselhos, foi concretizado pela lei sobre os conselhos de fábrica. Essa lei gerou insatisfação tanto do lado dos patrões, que julgavam excessivo o nível de cogestão, quanto do lado da esquerda radical, que o considerava insuficiente. Os direitos concedidos aos representantes dos trabalhadores nos conselhos de fábrica eram de fato muito modestos. Apesar disso, esses conselhos desempenharam papel relevante, como foi o caso em 1923, sobretudo depois que os conselhos de trabalhadores e soldados foram liquidados, funcionando ao mesmo tempo como órgãos de poder e como defensores dos direitos dos trabalhadores no local de trabalho.

Tratado de Versalhes

Em maio de 1919, o Tratado de Versalhes chegava ao conhecimento da opinião pública na Alemanha. O país reagiu com indignação e espanto às duras condições impostas pelos países vencedores. Scheidemann, que havia feito campanha contra a assinatura do tratado, pede demissão na véspera do voto pelo *Reichstag*, 20 de junho, sendo substituído por seu colega de partido, Bauer. Este alega que, se o tratado não for assinado (o que é feito no dia 28 de junho), o país ficará entregue ao caos. Max Weber, que tinha acompanhado a delegação alemã a Versalhes, estava entre os que recusavam a aceitação do tratado.

A Alemanha perdia um oitavo de seu território (entre outras regiões, a Alsácia-Lorena retornava à França) e um décimo de sua população; perdia as colônias africanas; era proibida a união com a Áustria; o Exército, limitado a 100 mil homens (em vez de 400 mil); o alto-comando, dissolvido; o recrutamento, proibido; não se podia fabricar material bélico; exigia-se a extradição dos "criminosos de guerra" para serem julgados por tribunais internacionais; a margem esquerda do Reno seria ocupada pelos Aliados durante quinze anos e desmilitarizada sob sua supervisão.

Um parágrafo em particular – o que atribuía à Alemanha a responsabilidade pela guerra, utilizado para justificar as reparações – suscitou a indignação dos políticos conservadores. Essas reparações seriam determinadas no futuro e, quando foram finalmente anunciadas na Conferência de Paris em janeiro de 1921, provocaram mais revolta que todas as outras exigências do tratado. Esse parágrafo desencadeou a propaganda nacionalista que levou à criação da lenda da "punhalada pelas costas", segundo a qual o Exército não tinha sido derrotado na frente de batalha, mas traído pelos inimigos internos (socialistas e judeus), no próprio país. Nessa versão fantasiosa, a Alemanha fora minada internamente pelas forças que faziam campanha contra a guerra.

Quando, em 18 de novembro de 1919, Hindenburg depôs perante a comissão parlamentar de inquérito encarregada de apontar os responsáveis pela derrota, disse: "A retaguarda não nos apoiou [...]. Os planos do alto-comando não puderam ser executados. O Exército foi apunhalado pelas costas [...]. As forças sadias do Exército não têm a menor responsabilidade" (apud Badia, 1975, p.157).

Esse mito será inflado no outono de 1919 até se tornar moeda corrente nos círculos que combatiam a República; em poucos meses, torna-se um pilar da ideologia nacionalista-conservadora, atingindo uma grande parte do povo alemão que não quer aceitar a derrota. Disse-se com razão que a lenda da punhalada pelas costas atuou como uma punhalada "nas costas do novo Estado" (Albert Schwarz, 1964). Erzberger, do *Zentrum*, iniciador da resolução de paz de 1917, dirigente da delegação do armistício e defensor da assinatura do Tratado de Versalhes, era particularmente odiado pela oposição de direita, que se fortalecia cada vez mais. Acaba sendo assassinado no dia 26 de agosto de 1920 por militantes da organização terrorista Cônsul, cujo objetivo era eliminar políticos importantes considerados indesejáveis. Segundo um observador atento da cena alemã da época, Ernst Troeltsch, a partir de meados de 1919, a Alemanha submerge numa "onda de direita".

Um apanhado sumário dos acontecimentos de 1919 a 1923 mostra uma série de ataques e tentativas de golpe contra a República por parte da direita, enquanto na esquerda continuam as greves e os movimentos revolucionários num contexto de crise econômica crescente. Mas, enquanto os extremistas de direita são tratados com indulgência por um judiciário altamente conservador – que não havia sido "depurado" pelo novo governo –, impregnado dos valores da época imperial e avesso à República, a extrema esquerda é submetida a sentenças draconianas, inclusive à pena de morte. Segundo o historiador Eberhard Kolb, a justiça carrega uma parte da responsabilidade pela derrota da República, na medida em que colaborou para que ela se sujeitasse aos movimentos totalitários de direita.

O *putsch* de Kapp

Porém, o fortalecimento da direita, pelo menos por enquanto, não é nada evidente. Se por um lado os grandes proprietários de terras, os grandes capitalistas e os generais veem a República que odeiam como um mal necessário até que os trabalhadores sejam completamente derrotados, estes, por outro lado, embora decepcionados com o conservadorismo do governo no plano social, ainda não desistem de arrancar concessões dos homens no poder. Inúmeros protestos na virada de 1919 para 1920 culminam em janeiro de 1920 com uma gigantesca manifestação de massas em frente ao *Reichstag*, com um saldo de 42 mortos.

Nessa atmosfera politicamente conturbada, acirrada pela crise econômica, que tinha piorado com a desvalorização do marco, as classes médias, que responsabilizam o SPD pela situação caótica, passam em massa para o terreno da direita. É o caldo de cultura propício para que a "onda de direita" que assola o país se traduza numa ação concreta: militares e militantes de extrema direita tentam depor o governo, em março de 1920, com um golpe de Estado, ação que passou à história com o nome de *putsch* de Kapp.

No dia 13 de março de 1920, Wolfgang Kapp, alto funcionário do governo prussiano, representante dos *Junker*, e o general Von Lüttwitz, pai dos corpos francos e comandante das tropas a leste do Elba, bem como das unidades na Saxônia, Turíngia e Hannover, organizam a marcha sobre Berlim de uma dessas forças de extrema direita, a Brigada de Marinha Ehrhardt. As exigências de desarmamento do Tratado de Versalhes implicavam, como vimos, a redução do Exército, o que havia começado no outono de 1919. Com isso, muitos soldados dos corpos francos sentem sua existência ameaçada e estão prontos para agir contra o governo. O círculo em torno de Kapp e Von Lüttwitz apenas se aproveita dessa atmosfera que reina no interior das tropas. O estopim do golpe é dado quando, no início de março de 1920, o governo decreta a dissolução, entre outras, da Brigada de Marinha Ehrhardt, acantonada perto de Berlim, o que Von Lüttwitz não admite.

Os insurretos lançam um ultimato, exigindo a demissão de Ebert e a eleição de um novo presidente, bem como a dissolução do *Reichstag* e novas eleições – e até lá, um gabinete composto por técnicos, com um general no Ministério da Guerra. Os militares, sob a liderança do general Von Seeckt, recusam-se a pegar em armas contra os golpistas. Perante essa situação o governo é obrigado a fugir, primeiro para Dresden, depois para Stuttgart. Ao amanhecer, as tropas de Ehrhardt ocupam a cidade e hasteiam a bandeira imperial nos edifícios públicos. Instalado no prédio da chancelaria, Kapp promulga seus primeiros decretos, proclama o estado de sítio, proíbe os jornais e nomeia Von Lüttwitz comandante em chefe. Na noite de 13 de março, parecia que o golpe tinha vencido sem derramamento de sangue – o Exército e a polícia não se opõem, as autoridades do Norte e do Leste do país reconhecem o novo governo.

Entretanto, uma greve geral convocada pelos ministros social-democratas, pela central sindical comandada por Legien e pelas lideranças dos dois partidos social-democratas é espontaneamente apoiada pelos trabalhadores do país inteiro, com exceção da Baviera. Depois de quatro dias de um governo suspenso no vazio, os trabalhadores organizados em milícias derrotam os golpistas, que fogem para o exterior no dia 17 de março. A greve geral, que começa em Berlim no domingo, 14 de março, e que no dia seguinte atinge todo o país, é a mais impressionante demonstração de resistência maciça que a Alemanha tinha visto até então: 12 milhões de trabalhadores e empregados de braços cruzados em defesa da República.

O que mais chama a atenção nesse episódio é o comportamento do KPD. Na ausência de Paul Levi, que cumpria pena, a central do partido em Berlim publica, no dia 14, um apelo na *Rote Fahne*, exprimindo a convicção de que não há nada a fazer contra o *putsch* de Kapp até que a classe operária reúna forças para agir:

> O proletariado revolucionário não erguerá um dedo pelo governo dos assassinos de Karl Liebknecht e Rosa Luxemburgo, que naufraga em vergonha e opróbrio. Não erguerá um dedo pela República Democrática, que era apenas uma pobre máscara para a ditadura da burguesia. (apud Harman, 1998, p.231)

Levi, da prisão, escreve aos companheiros da central, indignado com um erro de avaliação tão crasso, que logo fica evidente com o sucesso da greve. A partir daí não resta outra saída à liderança comunista senão apoiar os trabalhadores grevistas.

O comportamento passivo da central do KPD tem como consequência uma primeira cisão nas fileiras comunistas: a ala radical (que já havia deixado o partido em outubro de 1919), condenando a "traição" da "central Levi", reúne-se nos dias 4 e 5 de abril em Berlim e decide fundar o Partido Comunista dos Trabalhadores Alemães (*Kommunistische Arbeiterpartei Deutschlands* – KAPD), levando com ela 100 mil membros. Sua liderança se declara partidária da ação direta e condena como oportunista a participação dos comunistas nos parlamentos burgueses e sindicatos reformistas. É contra essa ala esquerdista do comunismo alemão que Lênin polemiza em seu famoso opúsculo *Esquerdismo, doença infantil do comunismo*. Esse episódio mostra em germe os severos desacordos entre os líderes comunistas, que no futuro serão fatais para o movimento operário alemão.

Deixando de lado o comportamento hesitante da central comunista no início da greve, agora, diferentemente de quase todos os movimentos anteriores, não há oposição entre os grevistas e as direções sindicais e partidárias. Pela primeira vez desde as jornadas de novembro de 1918, a classe trabalhadora resiste unida, mostrando todo o seu poder no momento em que decide empreender uma ação conjunta.

Entretanto, os desentendimentos no interior do movimento operário não desapareceram. Em muitos lugares, os trabalhadores, de forma espontânea e independentemente dos partidos, criam comitês de ação e de greve – e em algumas localidades novamente conselhos operários. Contudo, diferentemente das bases, a direção central da greve está dividida em duas tendências: de um lado, SPD, sindicatos de empregados e sindicatos "livres" (ou seja, social-democratas); de outro, USPD, KPD, conselhos de fábrica revolucionários e a comissão sindical de Berlim. Assim que a derrota do golpe, meta imediata da greve, é alcançada, vêm à tona os objetivos e interesses diferentes que opõem as lideranças. Enquanto a direção do SPD quer acabar imediatamente com a greve, os líderes grevistas não estão dispostos a encerrá-la sem antes obter garantias para um reordenamento político que impeça novo golpe contrarrevolucionário.

As reivindicações políticas dos sindicatos para o encerramento da greve são as seguintes: demissão de Noske, demissão e punição das tropas golpistas, reorganização democrática do Exército, saída das forças reacionárias da administração pública e das empresas, democratização da administração, medidas visando à socialização, melhoramento das leis sociais, desapropriação das grandes propriedades fundiárias, serviço de segurança formado pelos trabalhadores organizados. Esses pontos são, no essencial, o programa dos conselhos de trabalhadores e soldados no começo da revolução, com a diferença de que, agora, um líder como Legien, velho sindicalista com ampla lista de serviços prestados aos patrões, converte-se em arauto das reivindicações que um ano e meio antes havia combatido. A ação unificada da classe trabalhadora na greve geral repõe a possibilidade da construção democrática da nação.

Mas essa possibilidade é igualmente perdida. A derrota do *putsch* de Kapp não é o começo de uma renovação democrática, mas a oportunidade para um novo massacre sangrento do movimento de massas pelos militares, em parte pelas mesmas tropas que apoiaram o golpe. A tentativa de Legien de formar um governo operário, numa aliança entre SPD, USPD e sindicatos, fracassa por conta das hesitações do SPD e, sobretudo, pela intransigência da ala esquerda do USPD, a qual vê nessa proposta uma reedição do governo Ebert-Haase de 1918. O KPD, entre muitas hesitações, apoia a formação do governo operário, declarando que lhe fará "oposição leal" desde que seja garantida liberdade de ação política à classe operária – e que a contrarrevolução seja combatida.

Na região do Ruhr, o movimento grevista, sob a influência de lideranças na maioria comunistas, evolui em parte para um movimento insurrecional. É criada a maior força militar revolucionária até então, um verdadeiro exército vermelho de cerca de 50 mil trabalhadores socialistas de várias tendências e que na prática domina militarmente a região. O governo de Berlim designou Severing, ministro do Interior da Prússia e membro do SPD, para negociar com os revoltosos. As partes chegam a um acordo (Acordo de Bielefeld, de 25 de março) que estipula o seguinte: o Exército do Reich não entrará no Ruhr, os contrarrevolucionários serão punidos e eliminados da administração do Estado e as grandes empresas serão nacionalizadas. Satisfeita, uma parte dos trabalhadores encerra os combates.

É a trégua necessária para que o governo, fazendo do acordo letra morta, envie tropas do Exército e dos corpos francos, os mesmos que tinham apoiado ou se recusado a combater os golpistas de Kapp. O resultado é uma violenta campanha de terror que no começo de abril leva à derrota dos trabalhadores. Em consequência, a social-democracia e a República perdem o apoio de grande parte da classe operária dessa região.

Não se pode deixar de observar que um dos traços marcantes da nova República era o lugar ocupado pelo Exército. De 1919 a 1926, o general Von Seeckt organizou e comandou o Exército dentro da tradição prussiana de um "Estado dentro do Estado", fechado ao controle parlamentar. A caracterização do Exército como "apolítico" justificava a rejeição de todos os apelos para formar uma força de defesa republicana e democrática. Os militares alemães, criados num ideário que misturava resíduos do Estado monárquico e autoritário com um forte sentimento de humilhação pela derrota e o sistema oriundo de Versalhes, consideravam uma politização inadmissível a defesa do Estado apoiado nos partidos democráticos.

O Exército alemão era de fato uma força antidemocrática e antirrepublicana, que sempre apoiou os esforços para restaurar a monarquia ou instaurar uma ditadura do grande capital. Os generais não se metiam na política cotidiana, mas, em questões decisivas, bastava o seu veto para impedir qualquer encaminhamento de que discordassem. Desde 1920, a República alemã sempre teve um duplo governo. De um lado, o chanceler com seus ministros; de outro, os generais do Exército. Em caso de conflito entre eles, geralmente vencia o Exército. "A esse conjunto chamou-se 'democracia alemã'" (Rosenberg, 1983, p.104). Foram esses 100 mil homens, disciplinados, bem equipados e ligados por suas ideias e por sua origem à grande burguesia e, sobretudo, aos *Junker*, que forneceram os quadros do Exército de Hitler.

O governo, que havia retornado a Berlim, não aproveita a derrota do golpe de Kapp para atacar os opositores da ordem constitucional democrática. Isso é esperado por muitos, sobretudo pelos trabalhadores grevistas, mas também pelas forças democráticas burguesas. As reivindicações dos sindicatos, mencionadas há pouco, não se realizam na prática. Apenas mudanças paliativas, como a substituição do chanceler Bauer por outro social-democrata, Hermann Müller, a demissão do ministro do Interior prussiano Heine e a demissão de Noske, que é odiado não só pelos trabalhadores radicais, mas também por muitos trabalhadores social-democratas. Era notória sua responsabilidade em 1919 com relação à atuação dos corpos francos contra trabalhadores revoltosos e em greve. E, graças à sua confiança no oficialato, as forças contrarrevolucionárias tinham podido preparar o *putsch* sem serem incomodadas.

Somente na Baviera um golpe mais limitado derrubou o governo de coalizão liderado pelo social-democrata Hoffmann, levando ao poder um governo de direita liderado por Kahr. Com isso, desde 1920, a Baviera se torna o paraíso das organizações e dos líderes de extrema direita.

Na avaliação de três importantes historiadores do período, com a greve geral de 1920, as massas trabalhadoras dão uma impressionante demonstração de sua força potencial, mas acabam obtendo apenas uma "vitória de Pirro". E o mais grave: no começo de 1920 é perdida a última grande oportunidade de criar e enraizar solidamente a República Social, encarada, por uma parte do movimento de massas, como meta e, por outra, como estágio preliminar para uma sociedade socialista. A responsabilidade pelo fracasso recai sobre as lideranças dos partidos operários, que, de maneiras diferentes, se mostraram despreparadas para canalizar essa energia no sentido de uma transformação democrática do país (Feldmann; Kolb; Rürup, 1972, p.103-4).

A partir desse momento, a iniciativa cabe à contrarrevolução. O movimento conselhista, base de apoio da revolução e da greve geral de 1920, é definitivamente derrotado. Seus defensores saem de cena desiludidos com os rumos da República ou vão para o Partido Comunista, fornecendo-lhe a base de massa que não tivera até então.

As eleições para o *Reichstag* não podem mais ser adiadas. Previstas para o outono, acabam antecipadas para 6 de junho de 1920, levando à derrota da coalizão de Weimar, ou seja, das forças políticas que tinham elaborado a nova Constituição (SPD, *Zentrum*, DDP). Os partidos burgueses obtêm, em conjunto, 15 milhões de votos, contra 11 milhões dos partidos operários. Os partidos claramente à direita aumentam sua votação, enquanto o centro e os democratas, partidários da República, em comparação com as eleições para a Assembleia Nacional Constituinte, perdem metade de seus eleitores.

No campo socialista, o SPD é o grande derrotado, obtendo apenas 6 milhões de votos (102 deputados), contra 11 milhões e 900 mil (165 deputados) em janeiro de 1919. Em um ano e meio o SPD perde metade de seus eleitores. A grande novidade é o crescimento do USPD, que passa de 2,3 milhões para mais de 5 milhões de votos (84 deputados); o KPD, que pela primeira vez participa das eleições, tem uma votação modesta: 589 mil votos (quatro deputados, entre eles Paul Levi e Clara Zetkin).

Pela primeira vez, a massa dos eleitores operários abandona a social-democracia majoritária e passa a alinhar-se com os independentes. O SPD, extremamente enfraquecido com a derrota eleitoral, tem de deixar o governo. Com a saída do SPD, os outros dois partidos republicanos da coalizão de Weimar não são suficientemente fortes para formar o governo, por isso chamam o Partido Popular (DVP), partido do grande capital, liderado por Stresemann, defensor da Constituição de Weimar. Forma-se assim o primeiro governo puramente burguês da República alemã. A entrada dos três ministros do DVP no governo representa, segundo Rosenberg, um sintoma extremamente significativo da derrota do proletariado alemão. A contrarrevolução capitalista apodera-se do governo. Ebert continua presidente do Reich, porém submisso ao novo gabinete comandado pelo deputado do *Zentrum*, Fehrenbach. A partir daí o SPD passa a representar um tipo híbrido de partido de oposição e de partido de governo.

4. Da "ação de março" de 1921 ao "outubro alemão" de 1923: a derrota dos comunistas

A história da Revolução Alemã, de novembro de 1918 até a derrota do *putsch* de Kapp, em março de 1920, é uma história de lutas mais ou menos espontâneas, em que o grande protagonista são as massas trabalhadoras. A partir de 1921 o panorama muda: as grandes massas dão lugar a um ator principal, o Partido Comunista, que, dilacerado por lutas fratricidas e submetido às exigências da Internacional Comunista (IC), fundada em março de 1919, embarca em duas tentativas frustradas de tomada do poder, cujo resultado o leva ao isolamento.

É um processo complexo, cheio de lances dramáticos, em que o jovem Partido Comunista tem sua trajetória marcada pela ausência de lideranças experientes e teoricamente sólidas como Rosa Luxemburgo, assassinada em janeiro de 1919. Mais tarde, a expulsão de outro importante dirigente, Paul Levi, exacerba o processo de desmoralização do KPD, culminando na sua total subserviência aos interesses externos e internos da política soviética. Para entendermos esse percurso, é preciso situá-lo na conjuntura alemã de 1921 a 1923, os anos de estertor da revolução.

Reparações de guerra

Um dos principais problemas da política externa, mas também interna, da Alemanha desenvolveu-se imediatamente após a formação do gabinete Fehrenbach: as reparações de guerra, que durante anos foram o tema dominante. Quando o valor extremamente elevado das reparações foi por fim revelado, todos se perguntavam como uma Alemanha, economicamente fraca, poderia saldar essa dívida. Na verdade, os problemas econômicos do país tinham em parte origem nos métodos de financiamento da guerra (empréstimos e títulos em vez de aumento de impostos) – e as raízes da inflação já existiam antes do agravamento do problema das reparações.

Desde 1919, reuniões, propostas e contrapropostas tentam fixar o montante das reparações de guerra. No começo de 1921, o governo Fehrenbach entra numa grave crise provocada pela recusa em concordar com o pagamento de uma indenização astronômica, exigência dos países aliados. Em represália, as tropas da Entente ocupam as cidades de Düsseldorf e Duisburg. Em Londres, os Aliados finalmente concordam em exigir da Alemanha a soma total de 132 bilhões de marcos de ouro. No dia 6 de maio de 1921, um ultimato exige que o país aceite as condições impostas; caso contrário, as tropas da Entente ocuparão a região do Ruhr. O governo de Fehrenbach, sem ver outra saída, se demite – o partido do grande capital deixa o governo.

Nessas condições difíceis, a tarefa de governar a Alemanha retorna aos partidos da antiga coalizão de Weimar. Wirth, também deputado do *Zentrum* católico, forma o novo governo, em 10 de maio de 1921, em aliança com os democratas e o SPD, que aceita alguns ministérios. Novamente, cabia aos partidos republicanos a tarefa impopular de resolver uma situação pela qual não eram responsáveis: negociar com a Entente as reparações de guerra.

Sob a iniciativa de Wirth, o *Reichstag*, apesar da oposição da direita e dos comunistas, aceita o ultimato da Entente, começando então a chamada "política de cumprimento" (*Erfüllungspolitik*) do Tratado de Versalhes. Os defensores dessa política tinham a esperança de mostrar aos Aliados que a Alemanha, embora seriamente decidida a pagar as reparações, não podia satisfazer as exigências, e que era preciso fazer concessões. Essa política fracassou. Ao contrário da expectativa, a pressão sobre o país torna-se ainda maior, fazendo aumentar ainda mais a decomposição da economia, o desespero da população e a rejeição à República. Com isso, a popularidade e a autoridade dos partidos republicanos sofrem enorme desgaste. A crise relativa às reparações de guerra se estendeu durante os anos de 1921 e 1922. As conferências internacionais – não menos de 23, desde 1919, em Versalhes, até o início de 1923 – não obtiveram nenhum resultado.

O Partido Comunista da Alemanha

Como dissemos antes, já em 1919 havia ocorrido uma primeira cisão no KPD, afastando sua ala esquerdista, adepta da ação direta e inimiga de qualquer tipo de participação no Parlamento e nos sindicatos reformistas. Com isso, o KPD perdeu boa parte de sua militância. Tratava-se então, para os comunistas, de ganhar a ala esquerda do USPD, que simpatizava com as ideias comunistas e defendia a adesão do partido à Internacional. Esse grupo, majoritário, estava disposto a aceitar as 21 condições de admissão dos partidos à Internacional, documento aprovado no II Congresso desta, em Moscou, em julho de 1920.

Esse documento se funda na crença dos bolcheviques, que transferiam sua própria experiência – sem, no entanto, aprofundá-la – para os países industriais: a conquista do poder na Rússia se devia ao fato de os trabalhadores terem sido dirigidos por um partido centralizado e disciplinado. As derrotas da revolução no Ocidente teriam decorrido da incompreensão desse problema. Daí as exigências de centralização total e disciplina severa como condições para aderir à Internacional, adotadas nas resoluções sobre os estatutos e sobre as 21 condições para a admissão de novos partidos. Essas exigências implicavam diretamente a exclusão dos líderes reformistas e centristas considerados "inimigos de classe" e "agentes da burguesia no seio do proletariado".

A ala direita dos independentes recusava peremptoriamente essas condições. No Congresso de Halle, em outubro de 1920, o USPD, que contava então com 900 mil membros, rachou. A maioria dos delegados, sob a direção de Däumig, votou a favor da adesão à Internacional e, em dezembro de 1920, uniu-se ao KPD. O novo partido passou a chamar-se Partido Comunista Unificado da Alemanha (*Vereinigte Kommunistische Partei Deutschlands* – VKPD), poucos meses depois, simplesmente KPD.

O grupo minoritário, liderado por Hilferding, Dittmann e Ledebour, procurou, num primeiro momento, fazer que o USPD continuasse como partido independente, mas sua prática política o aproximava crescentemente do SPD. Até que, em setembro de 1922, a maior parte da ala direita dos independentes uniu-se aos majoritários.

A situação do KPD, que antes da unificação contava com 78 mil membros, mudou radicalmente: pela primeira vez depois da fundação da Internacional existia um partido comunista de massas num país capitalista avançado, justamente na Alemanha, que os revolucionários consideravam o pivô da revolução proletária mundial. O KPD conta a partir daí com 430 mil membros, 33 jornais diários, revistas, escolas, dezenas de militantes profissionais, recursos materiais importantes. Depois do Partido Comunista Russo, é a maior organização da Internacional Comunista.

O novo partido unificado congrega a velha guarda dos radicais anterior à guerra, o núcleo próximo de Rosa Luxemburgo, mas também os independentes de esquerda, como Däumig e Eichhorn, além dos dirigentes das grandes greves de Berlim durante a guerra, os criadores dos conselhos de trabalhadores, o núcleo dos delegados revolucionários berlinenses, representados por Richard

Müller. Também entram no novo partido intelectuais respeitados, como o filósofo e jurista Karl Korsch e o historiador Arthur Rosenberg, vindos do USPD. O novo partido tem dois presidentes: Däumig, o teórico do movimento conselhista e membro da ala esquerda do partido independente, e o antigo spartakista Paul Levi, amigo e companheiro de lutas de Rosa Luxemburgo, crítico veemente das tendências ultraesquerdistas e aventureiras dentro do KPD.

Agora, com o novo Partido Comunista de massas, parecia possível o avanço da Revolução Alemã, apesar da oposição entre os partidos operários. Depois de tantas derrotas dos trabalhadores, para as quais ele mesmo contribuíra, o SPD não acreditava na possibilidade de uma nova investida revolucionária. Mesmo numa situação em que os fundamentos da sociedade burguesa iam sendo seriamente abalados pela inflação crescente, o SPD continuava apegado aos métodos legais da democracia parlamentar e da luta sindical. Sua meta, agora, consistia em melhorar a difícil situação econômica dos trabalhadores, combater a inflação, dar uma solução viável para a questão das reparações de guerra e neutralizar os conspiradores. Para atingir esse objetivo estava disposto a governar em aliança com os outros partidos republicanos e não acreditava que o proletariado tivesse forças para conquistar, sozinho, o poder.

O KPD, evidentemente, tinha uma visão oposta. Ele estava convencido de que o fracasso da revolução até aquele momento fora provocado pelas vacilações das lideranças dos trabalhadores, tanto majoritárias quanto independentes. Agora, com a existência de um grande Partido Comunista e com o auxílio dos revolucionários russos, a conquista do poder estava na ordem do dia.

Sob a influência de Lênin, o II Congresso da Internacional, além das 21 condições antes mencionadas, considera que a "hora decisiva se aproxima" e que, "em breve, a classe operária deverá combater de armas na mão". Os delegados da Internacional na Alemanha, partidários da "linha ofensiva", trabalham nessa perspectiva.

Porém, há uma tendência que aponta noutra direção, revelada pela "carta aberta" da central do KPD, publicada em janeiro de 1921, que apoiava as reivindicações de unidade de ação que tinham partido do Sindicato dos Metalúrgicos de Stuttgart, dirigido por um militante comunista. A carta aberta propõe a luta conjunta dos comunistas com os outros partidos operários e com os sindicatos em torno da seguinte pauta: defesa do nível de vida dos trabalhadores, organização da autodefesa operária armada contra os grupos de direita, campanha pela libertação dos presos políticos operários e retomada das relações comerciais com a Rússia soviética (Broué, 1971, p.454). Era a linha política defendida por Paul Levi havia vários meses. Embora a carta tenha sido rejeitada por todos os dirigentes sindicais, teve grande aceitação nas bases, cujo maior anseio, desde o início da revolução, era a ação unificada da classe operária.

Até outubro de 1923, como veremos, o KPD oscilou entre uma política de frente única com as outras organizações operárias e tentativas malsucedidas de insurreição.

A "AÇÃO DE MARÇO"

Em março de 1921, parecia que tinha surgido uma dessas ocasiões propícias à luta vislumbradas pela Internacional. Na região industrial de Merseburg-Halle-Mansfeld, na Alemanha Central, existia na época um operariado combativo, que tinha obtido importantes vantagens, relativas, sobretudo, aos direitos dos conselhos de fábrica, e que havia conservado as armas desde o *putsch* de Kapp.

Quando o novo Partido Comunista foi criado, mais de três quartos dos socialistas independentes da região aderiram a ele, a ponto de esses distritos da Alemanha

Central constituírem o setor mais forte do partido, superando mesmo a social-democracia. O ministro do Interior da Prússia, o social-democrata Severing, queria eliminar esse bastião comunista. Com o pretexto de acabar com os roubos nas fábricas e recuperar as armas, o governo prussiano envia vários batalhões da polícia, que, a partir de 19 de março, ocupam a região de Mansfeld. Os trabalhadores veem nisso uma provocação e pegam em armas.

Uma semana antes, por causa de conflitos com os líderes russos (de que falaremos adiante), Levi e Däumig tinham pedido demissão da central do KPD. A direção do partido estava agora nas mãos de Ernst Meyer, antigo membro da Liga Spartakus e incondicional defensor dos bolcheviques. Os delegados da Internacional na Alemanha, seguindo a orientação da "ofensiva revolucionária" preconizada pelo II Congresso da Internacional, pressionam a direção do KPD para responder por meio da insurreição armada à provocação do governo. No dia 18 de março, a central publica o seguinte apelo na *Rote Fahne*: "Todo operário deve desprezar a lei e se apoderar de uma arma onde a encontrar" (Broué, 1971, p.490).

Um fato que posteriormente veio a público, tendo contribuído fortemente para a desmoralização do KPD, foi a proposta de Hugo Eberlein (membro da central), no dia 22 de março, de organizar falsos atentados contra o Partido Comunista e outras organizações de trabalhadores, ou o rapto de dirigentes conhecidos, pelos quais se poderia acusar a polícia e os reacionários e, com isso, provocar a cólera das massas. Essa proposta foi rejeitada depois da tentativa fracassada de explodir uma fábrica de munições em Seesen.

As coisas mudam quando Max Hölz, uma espécie de herói popular que costumava agir por conta própria, conhecido na resistência contra o golpe de Kapp e chamado pela imprensa comunista de "aventureiro revolucionário", é aceito pelo KPD para liderar a insurreição. A central do KPD chama à greve geral no dia 24, na esperança de que os trabalhadores social-democratas também sejam arrastados. Porém, o esperado levante de massas não ocorre. Os militantes comunistas utilizam todos os meios, inclusive a força, para desencadear a greve. Mas fora de Mansfeld os trabalhadores alemães não se movem, nem mesmo em Berlim. A greve geral é um fracasso completo. Segundo estimativas otimistas, 500 mil trabalhadores cruzam os braços; segundo as pessimistas (mais próximas da realidade), 200 mil. Hölz, por sua vez, com grande habilidade tática, consegue durante uma semana manter em xeque as forças policiais prussianas, numericamente superiores, mas acaba derrotado.

A importância da "ação de março", um episódio crucial na epopeia da Revolução Alemã, reside em seu significado histórico. Para Rosenberg, foi a última vez que o operariado alemão pegou em armas espontaneamente. Depois disso, seu *élan* revolucionário espontâneo se esgotou. As inúmeras lutas travadas de janeiro de 1919 a março de 1921 tiveram uma consequência trágica: a vanguarda dos trabalhadores alemães, sobretudo na Alemanha Central e na região do Ruhr, mas também na Saxônia e na Baviera, foi destroçada. Muitos morreram, muitos foram presos, o restante perdeu o ânimo para continuar lutando.

Também para o KPD a "ação de março" teve consequências catastróficas. Um setor importante, que não apoiava a linha aventureira da direção nacional e da Internacional (o comitê executivo desta aprova a "ação de março", mas mais tarde, sob a influência de Lênin, a critica), sai do partido, que, em poucas semanas, perde 200 mil membros. A repressão aos comunistas é brutal: militantes são presos, jornais proibidos, dezenas de milhares de grevistas demitidos ou postos na lista negra dos patrões. Em muitas fábricas rompem-se os vínculos recentemente criados entre o núcleo comunista, agora isolado, e os trabalhadores que começavam a entrar na sua esfera de influência.

Mas, afinal, de quem era a responsabilidade por tamanho desastre?

Um pouco antes da "ação de março", Levi, Däumig, Clara Zetkin, entre outros importantes dirigentes do KPD que divergiam no tocante às "21 condições", não tendo apoio dentro do partido, demitem-se. A nova direção, mesmo sem fazer parte da ala esquerdista, é mais obediente aos delegados da Internacional e se lança na insurreição, como vimos. Levi discorda, publica uma brochura em que critica vivamente a tática dos dirigentes alemães – e também os métodos da Internacional.

Na sua visão, a conjuntura mundial está longe de ser propícia à tomada do poder pelo proletariado. Ela é dominada pela contraofensiva burguesa, e a massa dos trabalhadores segue a social-democracia. Assim, a tática correta para os comunistas, que são minoria na classe operária, não é procurar fazer avançar a revolução a qualquer custo, o que os levaria ao isolamento, mas tratar de conquistar os seis milhões de trabalhadores organizados nos sindicatos dominados pela social-democracia. Essa é uma situação típica da Europa Ocidental, que os russos não conheceram e que subestimam. Em suma, o KPD, como partido minoritário na classe operária, não podia cair no despropósito de entrar na luta no lugar do proletariado ou até mesmo contra ele, o que tinha acontecido no decorrer da "ação de março" em várias fábricas, quando os trabalhadores se recusavam a entrar em greve.

Nessa mesma brochura Levi toca num ponto sensível para os russos: chama de irresponsáveis e incompetentes os delegados da Internacional enviados para dar "conselhos" aos alemães e critica os métodos intriguistas que usam para fazer vencer suas posições. Em suma, Paul Levi (como Rosa Luxemburgo antes dele) se opunha a encarar a Revolução Russa e o partido bolchevique como modelos a ser servilmente imitados pelos partidos comunistas europeus. O fracasso da "ação de março" só vinha confirmar esse diagnóstico. Mas os tempos haviam mudado e essa atitude independente não era mais possível. A resposta do KPD às críticas é a expulsão de Levi em abril de 1921, posteriormente ratificada pelo III Congresso da Internacional Comunista. Levi funda então a Comunidade de Trabalho Comunista (*Kommunistische Arbeitsgemeinschaft* – KAG), exigindo em primeiro lugar mais independência com relação à Internacional e uma política mais realista do KPD. No interior do partido comunista, as dissensões continuaram durante todo o ano de 1921.

A TÁTICA DE FRENTE ÚNICA

A insurreição na Alemanha Central foi desencadeada num momento em que a Rússia soviética, logo após a guerra civil vencida pelos bolcheviques, atravessava a mais grave crise de sua história. Numa situação de penúria extrema e de completo isolamento internacional, os bolcheviques precisavam desesperadamente que a revolução fosse bem-sucedida no mundo ocidental. Isso explica parcialmente a teoria da "linha ofensiva" defendida pelos delegados da Internacional na Alemanha.

Porém, a sucessão de derrotas na Europa Ocidental, além de uma série de graves problemas internos na Rússia (rebeliões e sabotagens de camponeses que se opunham à requisição de víveres, produção paralisada nas fábricas, mercado negro, tudo isso culminando na revolta dos marinheiros de Kronstadt, em março de 1921, afogada em sangue), obriga os bolcheviques a uma guinada radical. É a época da "nova política econômica", que tem como um de seus objetivos principais obter a participação do capital estrangeiro na reconstrução do país.

Essa mudança na política econômica russa se traduz numa guinada nas diretrizes da Internacional para os Partidos Comunistas fora da Rússia. Em seu III Congresso, em julho de 1921, a Internacional reconhece que a conquista do poder pelo proletariado era um processo mais lento do que se pensara anteriormente, e que os partidos e sindicatos social-democratas dominam a classe trabalhadora. Assim, quando a delegação alemã chega a Moscou para o Congresso da Internacional, é severamente criticada por Lênin por conta de sua atuação durante a insurreição de março. Ele considera que é necessário enterrar de uma vez por todas as loucuras da "teoria da ofensiva", sua análise coincidindo no essencial com a de Paul Levi.

Dessa constatação nasce, no final de 1921, a nova tática de frente única que nada mais era – ironia da história – que a retomada da proposta política de Levi e da "carta aberta" de janeiro daquele ano. Os partidos comunistas fora da Rússia deviam evitar ações revolucionárias precipitadas e lutar com os dirigentes reformistas do proletariado pela melhoria das condições de vida da classe trabalhadora. Essa seria a tática correta para fortalecer e conquistar os trabalhadores "tais como eles são, com todas as suas ilusões, com todas as suas hesitações, com toda a sua ligação com os velhos dirigentes e com as velhas ideias" (Radek apud Broué, 1971, p.566).

Os comunistas alemães deviam se abster de fazer propaganda a favor da "ditadura do proletariado" e defender um governo operário parlamentar. A guinada na tática comunista foi tão abrupta que a social-democracia não a levou a sério. E é claro que a pessoa mais apropriada para pôr em prática a nova tática era precisamente Paul Levi, que acabara de ser expulso do partido sob o epíteto de "traidor", aliado da "contrarrevolução".

O fato é que a Rússia soviética continuava precisando urgentemente sair do isolamento – daí essa política relativamente moderada, que procurava evitar atritos com o governo de Berlim. Também a Alemanha, proibida pelo Tratado de Versalhes de fabricar armas e fazer treinamentos militares, além do problema das reparações a que já nos referimos, precisava do apoio da Rússia contra os países aliados para enfrentar a difícil situação econômica criada pelo Tratado. Isso levou a uma aproximação dos dois países durante o ano de 1921, que resultou, em abril de 1922, na assinatura do Tratado de Rapallo, cujo responsável, pelo lado alemão, era o ministro dos Negócios Estrangeiros, Walter Rathenau. O tratado anulava as dívidas dos dois parceiros, as "reparações" devidas pelo governo alemão à Rússia e as "indenizações" devidas pelo governo russo pelos bens alemães nacionalizados; além disso, renovava as relações diplomáticas e fazia da Alemanha a "nação mais favorecida" no comércio exterior russo. Considerado pelos historiadores um grande sucesso da política exterior russa e alemã, o Tratado de Rapallo deixou a Inglaterra e a França "de cabelo em pé".

Com a expulsão de Levi em abril de 1921, e de seus partidários no KPD em janeiro de 1922, para o que não faltou a colaboração do comitê executivo da Internacional (Lênin, Trótski, Zinoviev, Bukharin, Radek), o KPD vai se transmutando num agrupamento dilacerado por ódios pessoais, intrigas e lutas fratricidas que o enfraquecem. Nesse contexto, elementos de fraca envergadura política e teórica, sem falar da pouca integridade moral, são levados a ocupar posições dirigentes. É o caso de dois "demagogos" (nas palavras de Lênin) ultraesquerdistas, dirigentes do distrito de Berlim-Brandenburgo, Arkadi Maslow e Ruth Fischer (na realidade, Elfriede Eisler, irmã do famoso compositor Hans Eisler, colaborador de Brecht), que em 1924 chegam à liderança do partido. Quanto ao primeiro, Lênin referia-se à sua "falta de inteligência", explicando que empregava essa fórmula apenas para se "exprimir polidamente" (Broué, 1971, p.543). Já Ruth Fischer, entre outros feitos, passou à posteridade por comparar, em 1924, no início do processo de bolchevização do KPD, a influência das ideias de Rosa Luxemburgo aos estragos provocados pelo bacilo da sífilis. Dela, dizia a velha Clara Zetkin que "suas posições políticas variavam conforme as vicissitudes de sua vida sexual" (apud Broué, 1971, p.457).

A tática de "frente única" foi posta em prática pela primeira vez depois do assassinato de Walter Rathenau por membros da organização de extrema direita Cônsul, no dia 24 de junho de 1922. Esse assassinato, que veio na sequência de uma série de atentados contra políticos social-democratas, comunistas e republicanos, provocou enorme indignação no país inteiro, levando o chanceler Wirth a declarar, num discurso no *Reichstag*, que o "inimigo está à direita". É promulgada uma "lei para a defesa da República", com o objetivo de prevenir a violência política, lei que foi muito útil contra os militantes de esquerda.

O KPD aproveita a ocasião para tentar pôr em prática sua política de "frente única" e propõe uma reunião, que é aceita, aos outros partidos de trabalhadores e sindicatos. Uma manifestação conjunta no dia 27 de junho reúne milhões de pessoas em todas as grandes cidades da Alemanha. Mas as velhas querelas entre social-democratas e comunistas voltam à cena, há má vontade dos dois lados, e mais uma vez o KPD é isolado por seus adversários social-democratas, que se esforçam para explorar contra ele a aspiração unitária da classe trabalhadora. O fracasso dessa primeira campanha pela frente única acaba reforçando no KPD a audiência esquerdista. Novamente vem à baila a teoria da ofensiva. Um exemplo é esclarecedor: os dirigentes do distrito de Berlim-Brandenburgo, Maslow e Ruth Fischer, bem conhecidos por seu ativismo esquerdista, organizam no dia 15 de outubro o ataque a uma reunião pública de extrema direita que se realizava no Circo Busch. Resultado: cinquenta feridos e um morto entre os atacantes comunistas. Nos dias seguintes, mais de cinquenta comunistas são presos, entre eles Brandler e Talheimer, membros da central.

O IV Congresso da Internacional Comunista, em novembro de 1922, confirma a tática da frente única, coroada pela palavra de ordem "governo operário socialista". Radek resume bem as tarefas táticas que os comunistas alemães têm pela frente:

> O partido comunista não deve esquecer que ainda não representa a maioria da classe trabalhadora alemã e que sua tarefa imediata consiste em conquistar essa maioria e novas posições em vista do assalto próximo. [...] Ele deve se opor tanto ao putschismo quanto à passividade. (apud Broué, 1971, p.633)

Mas, para os comunistas alemães, a frente única sempre foi um problema na prática e um divisor de águas entre a ala moderada e a ala esquerdista, liderada por Ruth Fischer, que a considerava "oportunista" e "revisionista". Na política cotidiana era preciso enfrentar a complicada questão das alianças com a social-democracia nos governos locais. Os comunistas alemães sempre tiveram uma posição ambígua a esse respeito. Quando se apresentou a ocasião concreta de formar com os social-democratas um governo operário na Saxônia (comunistas e social-democratas obtiveram a maioria absoluta nas eleições de 1922), a pressão dos russos, forçando os dirigentes comunistas alemães a não fazer nenhuma concessão aos social-democratas, impediu que a empreitada fosse adiante. Por sua vez, os social-democratas, precisamente neste caso, também recusaram uma das condições dos comunistas, contribuindo assim para o insucesso da aliança. Pelo menos por enquanto ficava descartada a possibilidade de um governo operário na Saxônia.

O fracasso da política de frente única revelou mais uma vez que a social-democracia não queria, de modo nenhum, fazer, com os comunistas, alianças que levassem à ruptura da coalizão com os partidos burgueses e que, como sempre, usaria toda a sua influência sobre a classe trabalhadora para evitar enfrentamentos de classe. Do lado comunista, avanços, recuos, ambiguidades e sobretudo a submissão à interferência da Internacional nos assuntos internos do partido mostravam a dificuldade de formular uma política de transição revolucionária num país capitalista avançado.

Até o final de 1922 a contrarrevolução se fortalece. O governo Wirth, sem resolver os dois problemas fundamentais, as reparações e a inflação, perde a maioria no *Reichstag* e se demite. Em novembro de 1922, Wilhelm Cuno, católico de direita e diretor da mais importante companhia de navegação alemã, a Hamburg-Amerika-Linie, é nomeado chanceler e forma um governo do grande capital, com representantes do Partido Popular (DVP), da ala conservadora do *Zentrum*, e um democrata. O *Zentrum*, sem Erzberger, tinha sofrido uma forte guinada à direita. Sua tradicional área de influência, formada pelos camponeses e pelos sindicatos de trabalhadores católicos, inclinava-se crescentemente para um governo autoritário e conservador. O SPD, não querendo colaborar numa coalizão desse tipo, passa para a oposição.

1923 – O "ANO TERRÍVEL"

Para a maioria dos alemães, 1923 foi o ano da fome e da mais violenta crise social até então. Os trabalhadores tiveram seus salários reduzidos a menos da metade do que recebiam em 1914, e a pequena burguesia viu suas economias evaporarem por conta da inflação. A sociedade burguesa parecia à beira do colapso: a especulação, a corrupção e a prostituição triunfavam. O ano de 1923 também foi aquele em que a unidade do Reich se viu ameaçada: os franceses dominavam nas regiões do Reno e do Ruhr, a extrema direita na Baviera, a extrema esquerda na

Alemanha Central, e o governo oficial no Norte. Aquele também foi o ano em que extrema esquerda e extrema direita planejaram golpes para tomar o poder. E foi, por fim, o ano em que, pagando um preço altíssimo, a democracia burguesa conseguiu sobreviver. E ela se manteve, a duras penas, por mais dez anos, até a chegada de Hitler ao poder.

Inflação

A inflação, que havia começado durante a guerra, se acelera num ritmo galopante em 1923, levando a maioria da população à miséria. A queda do marco, constante em 1922, torna-se fulminante a partir da ocupação do Ruhr. O quadro é bem conhecido, ele permaneceu na memória de todos, não só dos alemães. O dólar valia 8 mil marcos em dezembro de 1922, 20 mil em janeiro de 1923, 1 milhão no começo de agosto e 325 milhões em 20 de setembro. No fim do verão, os preços subiam de hora em hora. O dinheiro perdeu completamente o valor. Os camponeses se recusavam a vender os produtos das colheitas, as lojas ficaram vazias, os mercados desertos. Os habitantes das cidades faziam incursões ao campo e pilhavam as propriedades rurais. A hiperinflação fez que todos os conceitos tradicionais de ordem, propriedade e legalidade se dissolvessem.

A pequena burguesia, que havia feito suas economias em dinheiro, e os assalariados eram os que mais sofriam. Em contrapartida, o capital financeiro, os proprietários rurais e os industriais enriqueciam com a inflação. Segundo Rosenberg:

> [...] a inflação foi objetivamente uma espécie de revanche realizada pelas antigas camadas superiores, os grandes capitalistas e os grandes proprietários de terras contra a massa do povo. Foi a desforra pelo susto que os senhores levaram em 9 de novembro e nos meses seguintes. (1983, p.106)

A pergunta que ainda hoje nos fazemos é como foi possível um processo inflacionário dessa envergadura num dos países economicamente mais poderosos do mundo. A interpretação clássica do processo inflacionário alemão, confirmada pelas pesquisas atuais em história econômica e social, é basicamente a seguinte:

A inflação começou durante a guerra, à medida que o governo precisava saldar contas altíssimas. Na impossibilidade de aumentar os tributos dos trabalhadores, já muito sacrificados, e não querendo aumentar os impostos do grande capital, restava a solução de fazer enormes empréstimos, na esperança de poder saldá-los com os lucros de uma vitória rápida. Como a guerra se prolongava, restava o recurso de imprimir mais papel-moeda. Consequentemente, entre 1914 e 1918 os preços duplicaram.

Porém, essa política de financiamento das despesas governamentais não acabou com a guerra. Ela tinha muitas vantagens para o grande capital. Mais tarde tornou-se comum nos círculos nacionalistas e de direita jogar a culpa da inflação nas reparações de guerra e nas perdas territoriais impostas pelo Tratado de Versalhes, as dificuldades monetárias sendo apresentadas como dificuldades no pagamento das reparações. Tal explicação não basta, pois os pagamentos das reparações só começaram em janeiro de 1920, e o aumento dos preços foi anterior a essa época.

Além disso, a inflação não era inevitável. Muitos economistas da época pensavam que ela poderia ter sido impedida se o governo alemão estivesse disposto a utilizar suas reservas em ouro e a introduzir um sistema de impostos viável. De fato, em três ocasiões, o governo conseguiu estabilizar provisoriamente o valor da moeda: em 1920, no início de 1922 e, por fim, em março/abril de 1923, o que mostra que, com vontade política, a inflação podia ser controlada. Como concluíram estudos recentes, entretanto, talvez essa vontade não existisse, porque a inflação até o fim de 1922 era uma "estratégia econômica e política racional", que servia aos "interesses nacionais", uma vez que os empréstimos norte-americanos feitos até o verão de 1922 eram pagos em moeda desvalorizada e, assim, as perdas ficavam por conta dos credores. No entanto, não deixa de ser questionável uma separação estrita entre uma inflação "positiva" até o fim de 1922 e uma "negativa" em 1923, uma vez que se trata justamente de um processo, com todas as terríveis consequências econômicas, sociais e políticas bem conhecidas.

O fato é que nenhum governo podia levar adiante uma política financeira estabilizadora contra a oposição de parte do grande capital, que lucrava com ela. Os industriais alemães repetiam sempre que deter a queda do marco seria ruim para as exportações, os empregos e a economia alemã como um todo. Convencidos de que a crise monetária era causada pelo *déficit* das exportações, pensavam que a queda do marco reduziria seus encargos, facilitaria as exportações e, com isso, aumentaria a produção e permitiria a retomada do desenvolvimento econômico.

O exemplo de Hugo Stinnes, o industrial mais poderoso da Alemanha na época, ilustra bem o caso. Stinnes referia-se frequentemente à "arma da inflação", que sabia manejar com grande destreza em proveito próprio. O império industrial que ele controlava cresceu de forma poderosa com o aumento dos preços a partir de 1914. Ele e outros grandes industriais tinham fácil acesso ao crédito bancário, que pagavam depois em dinheiro desvalorizado. Com isso podiam comprar empresas menores sem acesso ao crédito. Durante a guerra, o império de Stinnes cresceu até abarcar minas de carvão, fábricas de ferro e aço e uma parte da indústria elétrica. A inflação que continuava no pós-guerra permitiu-lhe estender esse império a fábricas de papel e tipografias, jornais e editoras, estaleiros e companhias de navegação, hotéis e fazendas, chegando por fim a 4 mil empresas diferentes. Além disso, seu controle sobre as exportações lhe forneceu divisas estrangeiras, permitindo-lhe especular contra o marco e comprar nada menos que 572 empresas no exterior. Em suma, os grandes capitalistas realizavam seus lucros em dólar ou ouro, mas pagavam suas dívidas, impostos e salários em marcos, fazendo assim negócios milionários.

Sempre que o governo procurava estabilizar o marco, os grandes industriais se opunham a essas tentativas. Por exemplo, a decisão de Stinnes de realizar uma compra maciça de divisas deu novo impulso à espiral inflacionária em abril de 1923. Com o não pagamento de impostos e a inflação, que arruinava o Estado, o povo e o país, os industriais queriam garantir seu poder e aumentar a fuga de capitais para o exterior.

Quando o chanceler Wirth pediu aos industriais que o ajudassem a controlar a inflação, estes propuseram, como contrapartida a um eventual repatriamento de capitais e à abertura de créditos em divisas, que o governo privatizasse as ferrovias e lhes concedesse grandes vantagens fiscais, o que não foi aceito. Isso dá bem a medida do "patriotismo" da grande indústria. Mais tarde, em outubro de 1923, os mesmos "patriotas" exigiram o aumento da jornada de trabalho, o fim de numerosas vantagens sociais, a supressão das subvenções para o pão e a reprivatização das ferrovias.

Isso significava, na prática, a liquidação de todas as poucas conquistas obtidas pelos trabalhadores com a Revolução de 1918. A inflação era de fato uma boa "arma", que contribuía para o aumento da concentração e acumulação do capital à custa dos trabalhadores, da pequena burguesia e também de uma parte da burguesia. Nas palavras lapidares de Rosenberg, a inflação na Alemanha foi "uma das maiores roubalheiras da história mundial" (1983, p.129). E sua consequência mais perversa foi a ascensão do movimento nazista e a vitória de Hitler.

Crescimento do KPD

A desestruturação econômica da sociedade durante o ano de 1923 teve como resultado político imediato o enfraquecimento do SPD e dos sindicatos. Sua eterna tática legal-parlamentar afastava os trabalhadores, que viam com clareza que de nada adiantava lutar por melhores salários, que seriam imediatamente corroídos pela inflação. Ao mesmo tempo, não só o dinheiro das cotizações sindicais perdia o valor, como também os trabalhadores deixaram de pagá-las. O descontentamento interno com a tática da social-democracia levou à criação de uma oposição de esquerda no interior do partido, juntando homens como Erich Zeigner, que em março lideraria um "governo operário" na Saxônia, e o veterano Paul Levi, que continuava defendendo a frente única com os comunistas.

Um dos resultados mais evidentes da crise se revela no crescimento do KPD. No verão de 1923, ele tem mais influência sobre os trabalhadores que a social-democracia. Os comunistas passam a se organizar melhor no interior das fábricas; as vendas de seus jornais aumentam, chegando a ficar à frente da imprensa social-democrata; o número de facções comunistas no interior dos sindicatos cresce significativamente; e, o mais importante, o movimento dos conselhos de fábrica, liderado pelos comunistas, aumenta rapidamente, passando a preencher o vazio político deixado pelos sindicatos. Além disso, sob a iniciativa dos conselhos de fábrica, multiplicam-se os "comitês de controle", cuja tarefa é controlar os preços dos alimentos e dos aluguéis, combater a especulação e o mercado negro. Também se formam "centúrias operárias", espécie de milícias de trabalhadores que de fato só se desenvolverão de maneira considerável na Saxônia e na Turíngia, onde têm proteção oficial e crédito fornecido pelos governos social-democratas de esquerda.

A OCUPAÇÃO DO RUHR

A crise referente às reparações atinge o auge no governo Cuno, quando os franceses, constatando que a Alemanha não entregara as quantidades prescritas de madeira e carvão, ocupam a região do Ruhr, em 11 de janeiro de 1923, com a ajuda de tropas belgas. Os Estados Unidos, a Inglaterra e a Itália não colaboram com os franceses, mas também nada fazem para atrapalhar seus planos. No verão, essas tropas chegam a 100 mil homens, equivalente ao total do exército alemão permitido pelo Tratado de Versalhes.

Na Alemanha, a reação lembra o mês de agosto de 1914: um grito quase unânime de indignação nacional que parece apagar temporariamente as fronteiras entre as classes e uni-las numa luta conjunta para salvar os destinos da pátria. O governo, sem possibilidade de oferecer resistência armada, interrompe imediatamente todos os pagamentos de reparações à França e à Bélgica e convoca a população do Ruhr à "resistência passiva"; todos os funcionários, inclusive os das ferrovias, estão proibidos de cumprir ordens das forças de ocupação. Essa orientação não só é aprovada no *Reichstag* (284 votos contra doze) como suscita uma campanha patriótica de quase todas as forças políticas, com exceção de uma parte dos social-democratas e do KPD.

Os generais franceses respondem à política do governo e da população com o afastamento dos funcionários, em particular da administração civil e das ferrovias, confiscos e a total separação econômica da região do Ruhr em relação ao restante do Reich. O relacionamento entre as tropas francesas e a população alemã na região ocupada se torna cada vez pior: soldados franceses atiram em manifestantes, e são frequentes as prisões e expulsões em massa de funcionários alemães.

Os trabalhadores da região propõem então uma greve geral, única maneira de resistir eficazmente à ocupação. Mas os proprietários das minas de carvão não querem saber de greve. Assim que ocupam a região, os franceses proíbem a exportação de carvão para a Alemanha não ocupada. Os proprietários das minas, preocupados com seus lucros, negociam imediatamente com o ocupante, sob pretexto de que é necessário carvão para as indústrias locais e para o Reich tão logo se possa remetê-lo. Prevalece assim o ponto de vista dos "patrióticos" empresários, e a extração de carvão na região do Ruhr, embora limitada, não cessa.

Por isso, Arthur Rosenberg considera a "resistência passiva" dos industriais de 1923 uma "lenda". Por mais que a situação seja difícil para a população local, a luta em torno do carvão tem, segundo ele, ares de "tragicomédia": os mineiros extraem pacificamente o carvão e o deixam amontoado. Um dia, os militares franceses aparecem nas minas. Os mineiros e os funcionários alemães, desarmados, deixam as minas. Os franceses ficam sozinhos e, com a ajuda de trabalhadores estrangeiros terceirizados, removem o carvão e abandonam o local. Os mineiros e os funcionários alemães reaparecem e retomam o trabalho; novamente amontoam o carvão; novamente os franceses aparecem, e assim por diante. A isso se chamou "resistência nacional passiva", comenta ironicamente nosso historiador.

Mas o fato é que a maioria da população leva a sério a palavra de ordem de resistência passiva: greves e manifestações se sucedem continuamente. No dia 31 de março, em Essen, os franceses, ao tentarem requisitar caminhões das fábricas Krupp que serviam para transportar víveres, enfrentam forte resistência dos trabalhadores. Resultado: treze operários mortos e 42 feridos. No fim de maio, 400 mil mineiros e metalúrgicos do Ruhr entraram em greve. Temendo as consequências, um alto funcionário alemão, adjunto do prefeito de Düsseldorf, escreve ao general francês Denvignes, pedindo que este deixe entrar as tropas do exército alemão na zona ocupada para "restabelecer a ordem":

> Na presença desses perigos, permito-me enfatizar as pesadas responsabilidades em que o comando francês incorreria ao se mostrar indulgente com a anarquia. Se ele não agir por conta própria, tem pelo menos o dever de deixar às autoridades alemãs as mãos livres para realizar o seu [...]. Permito-me lembrar a propósito que, no momento da Comuna de Paris, o comando alemão auxiliou as tropas francesas na repressão da insurreição. (apud Broué, 1971, p.674)

A moral da história é conhecida: as classes dominantes alemãs – especuladores financeiros, grandes industriais e grandes proprietários de terras – não estão dispostas a desistir de seus lucros, e muito menos a permitir a agitação nos meios operários, temendo que a dissolução da ordem social ponha novamente a revolução na ordem do dia.

Contudo, a política de conciliação do chanceler Cuno com os "capitalistas sabotadores" (Rosenberg, 1983) não tem sucesso. O governo, além de ter de pagar os funcionários em férias involuntárias, não recebe impostos da região ocupada, nem as remessas de carvão são feitas para o resto do país. Com isso, as poucas reservas em divisas são gastas para comprar carvão no exterior. Como não há nenhuma possibilidade de aumentar os impostos da população do Reich – que passa por uma miséria extrema –, só um sétimo das necessidades financeiras do país, já em abril de 1923, é coberto pelas receitas regulares; para o que falta, imprime-se papel-moeda. A partir de agosto o marco é reduzido a pó. Quando o dólar ascende à casa dos milhões, a resistência passiva e o plano de Cuno acabam de fato. Foi aí que começou a hiperinflação, cujas histórias entraram para a mitologia social dentro e fora da Alemanha, como a do estudante que, enquanto tomava uma xícara de café, viu seu preço subir 80%.

O VERÃO VERMELHO

Na sua clássica história da República de Weimar, publicada em 1935, Arthur Rosenberg avalia (com uma certa dose de *wishful thinking* esquerdista) que

> [...] nunca houve na história recente da Alemanha um período tão favorável a uma revolução socialista quanto o verão de 1923. [...] Ninguém podia atribuir aos socialistas ou aos republicanos a responsabilidade pela terrível situação que se desenvolvera desde a ocupação do Ruhr. (Rosenberg, 1983, p.135)

O governo Cuno, do qual os socialistas não fazem parte, é o responsável pelo caos criado pelo conflito com a França e pela orgia inflacionária. A situação é tão crítica que todos os grupos sociais entram em movimento, cada um à sua maneira.

Pela direita, são as paixões nacionalistas que se exacerbam com a invasão: grupos paramilitares formados por antigos membros dos corpos francos acorrem à região do Ruhr e, com o apoio explícito do governo, do Exército e dos industriais, multiplicam sabotagens e atos terroristas. Essa atuação típica das milícias de extrema direita é consequência do crescimento do movimento nacionalista que arrebata, sobretudo, a pequena burguesia.

A Alemanha está coberta, de norte a sul e de leste a oeste, por uma rede de organizações ilegais, compostas de soldados e oficiais dos antigos corpos francos, que não querem voltar à vida civil. Nesse vasto leque das forças de direita encontram-se também, entre outras, associações estudantis nacionalistas e de proprietários de terras, que existiam desde 1919, financiadas pelo grande capital. Esse conjunto de forças só está à espera de poder dar o golpe que levasse a cabo o que Kapp quisera, em vão, realizar.

Na origem, o movimento nacionalista não estava ligado a nenhum partido em particular, mas atravessava em maior ou menor grau todos os partidos da direita, em particular o DNVP. E, como já mencionamos, concentrava-se em Munique, a capital nacionalista da Alemanha desde 1920, onde o governo contrarrevolucionário protegia todas as associações secretas e todos os conspiradores perseguidos pela justiça. Aliás, Munique podia se vangloriar de ter sido a cidade de origem do primeiro partido caracteristicamente nacionalista, o Partido Nacional-Socialista dos Trabalhadores Alemães (*Nationalsozialistische Deutsche Arbeiterpartei* – NSDAP), fundado por Hitler em 1920 e que almejava, como o próprio nome indica, tirar os trabalhadores da esfera de influência do socialismo.

Desde o fim de 1922 os comunistas se preocupavam com o desenvolvimento do movimento nacionalista, em geral, e com o do partido nazista, em particular. Vários artigos na imprensa comunista, no primeiro semestre de 1923, e a reunião ampliada do comitê executivo da Internacional em Moscou, em junho, foram dedicados exclusivamente a essa questão, e não à conquista do poder na Alemanha.

Nessa reunião da Internacional, Karl Radek (que a partir do III Congresso da Internacional, em julho de 1921, era o principal dirigente político do KPD, além de diplomata soviético oficioso na Alemanha) procurou convencer o KPD a fazer uma aliança com os grupos de extrema direita no âmbito da luta contra a ocupação francesa do Ruhr. Ao propor a colaboração entre nacionalistas e comunistas na Alemanha, Radek tinha em mente fortalecer a oposição entre franceses e alemães, que, no seu entender, vinha ao encontro da política externa soviética. Dessa proposta de Radek seguiu-se a chamada "linha Schlageter" na Alemanha (julho-setembro de 1923), em homenagem ao militante nazista Leo Schlageter, que, depois de uma tentativa fracassada de sabotar uma ferrovia, visando impedir os transportes para a França, foi fuzilado pelas forças de ocupação francesas em maio de 1923 e, mais tarde, transformado em herói nacional pelo nazismo.

Com isso, Radek retomava uma ideia anterior de dois militantes comunistas – conhecida como "nacional-bolchevismo" – que haviam deixado o KPD em 1919, segundo a qual o povo alemão seria destruído pelo Tratado de Versalhes caso não houvesse uma aliança de todas as forças da nação contra o Ocidente. Radek supunha, além disso, que essa aliança ajudaria a Rússia soviética, adversária das potências ocidentais no terreno da política externa – daí a proposta de união entre a Rússia e a Alemanha derrotada contra o Ocidente, já descartada por Lênin em janeiro de 1920 como um "enorme disparate".

Mas, em 1923, Radek volta à carga e apresenta a mesma estratégia em seu famoso discurso sobre Schlageter. No dia 26 de junho de 1923, *Die Rote Fahne* publica na primeira página seu artigo, com o título "Leo Schlageter, o peregrino do nada". Ali é dito que o corajoso soldado da contrarrevolução merece o reconhecimento dos soldados revolucionários. E pergunta: contra quem querem lutar os nacionalistas?

> Com quem querem eles aliar-se? Com os operários e camponeses russos para rechaçar conjuntamente o jugo do capital da Entente, ou com o capital da Entente para escravizar o povo alemão e russo [...]? Agora [...] perguntemos às massas leais e patrióticas que lutam contra a invasão imperialista francesa: em quem vocês querem se apoiar? (apud Weber, 2003, p.25)

O único caminho para os patriotas, no entender de Radek, é aliar-se à Rússia soviética e ao KPD. Uma "guerra popular" contra a França é a palavra de ordem de nacionalistas e comunistas.

Na sequência, o KPD cria círculos de discussão nos quais comunistas e nacionalistas se encontram para preparar a luta contra a França. A juventude comunista trava relações com as organizações estudantis nacionalistas. "Concentrem a propaganda na linha Schlageter!" é a palavra de ordem do KPD. O deputado comunista Hermann Remmele é saudado em Stuttgart com "aplausos entusiasmados de fascistas e operários". O próprio Radek publica, em julho de 1923, uma brochura intitulada "Schlageter – uma polêmica", em que discute o futuro do nacional bolchevismo com os nacionalistas Reventlow e A. Moeller van den Bruck. O conde Reventlow chega a publicar um artigo na *Rote Fahne* em que pede que "cessem sobretudo os atuais combates violentos dos comunistas contra os nacionalistas" (apud Weber, 2003, p.26).

Entretanto, a aliança com a extrema direita começa a ser torpedeada por forças contrárias na Internacional e no próprio KPD. Tanto que em 29 de julho, embora proibida em todo o Reich, é realizada uma "jornada antifascista". Em setembro, o conde Reventlow publica um último artigo na *Rote Fahne*, e a partir daí some a "linha Schlageter", que propunha a cooperação entre comunistas e fascistas no suposto interesse da política externa soviética.

Quem acaba pondo fim a essa tática desastrosa, que só teve resultados negativos para o KPD, são os dirigentes nazistas, temerosos de perder adeptos. Os social-democratas aproveitam para denunciar a aliança entre nazistas e comunistas, o que durante um curto espaço de tempo acaba por confundir as fronteiras entre os dois partidos. É evidente que esse episódio secundário na epopeia daqueles dias tumultuosos não pode ser avaliado de forma anacrônica, projetando sobre o passado a realidade posterior do nazismo. De qualquer modo, não deixa de ser revelador do grau de confusão política de uma parcela dos comunistas alemães.

A intolerável situação econômica traz novamente à cena o movimento operário, embora enfraquecido. A temperatura sobe constantemente em todo o país, a partir do começo de junho, à medida que a crise se agrava, que o marco cai e os preços sobem. Greves espontâneas e manifestações pela defesa dos salários, em que se faz sentir o peso crescente dos conselhos de fábrica e dos comunistas, se sucedem continuamente.

Em junho e julho as greves se multiplicam, acabando por desembocar na greve geral de agosto, cuja principal palavra de ordem é a destituição do governo Cuno. A atmosfera torna-se cada vez mais explosiva; na imprensa burguesa volta a expressão "*Novemberstimmung*" (atmosfera de novembro), numa alusão a novembro de 1918. A greve começa espontaneamente em Berlim no dia 10 de agosto, e no dia 11 o comitê de ação dos conselhos de fábrica, conhecido como Comitê dos Quinze, controlado pelos comunistas, propõe uma greve geral de três dias, o que é aceito unanimemente pelos delegados dos conselhos de fábrica presentes à reunião. Os trabalhadores reivindicam, além da garantia do abastecimento de víveres, a demissão de Cuno. De Berlim, a greve se estende para outras partes do país.

Na tarde desse mesmo dia, a bancada social-democrata no *Reichstag*, em reunião extraordinária, retira seu apoio a Cuno e se declara disposta a entrar num governo de "grande coalizão", que faça "pagar os ricos" e alivie a miséria dos trabalhadores. É o golpe de misericórdia em Cuno, que se demite no dia 12 de agosto. No dia 13 é formado um governo da "grande coalizão" (SPD, DDP, *Zentrum*, DVP). Era a tentativa, como declarou o novo chanceler Gustav Stresemann, da ala direita do Partido Popular (DVP), de "unir todas as forças a favor das ideias constitucionais". Mais uma vez, para resolver a crise, a burguesia estende a mão aos social-democratas, que ficam com quatro ministérios, entre eles o das Finanças, ocupado por Hilferding. A greve reflui, mas a "atmosfera de novembro" permanece.

Planejamento da insurreição

A greve de agosto, que ajuda a derrubar o governo Cuno, pega de surpresa os dirigentes da Internacional e põe em questão a tática moderada adotada nos últimos tempos pelo KPD. Agora, ao que tudo indica, a revolução bate à porta.

O *bureau* político da Internacional se reúne finalmente no dia 23 de agosto em Moscou. É a primeira vez, depois da doença de Lênin, que os dirigentes bolcheviques precisam tomar uma decisão importante. Após muito debate, concluem ter chegado a hora da insurreição e que esta deve ser preparada. Num encontro em Moscou – para o qual são convidados os representantes do KPD na Internacional, Clara Zetkin e Edwin Hoernle, o presidente do partido, Brandler, e os representantes da esquerda, Ruth Fischer, Maslow e Thälmann –, que dura do fim de agosto ao fim de setembro, é posto em pé um plano de ação político e técnico, visando levar a cabo a revolução na Alemanha.

Assim que chegam a Moscou, os alemães se surpreendem com o entusiasmo despertado pela ideia da proximidade da revolução na Alemanha. A cidade está coberta de cartazes convidando a juventude russa a aprender alemão, a fim de ajudar nas tarefas revolucionárias. Nas fábricas, universidades, escolas, todos os dias há reuniões tendo por tema a ajuda aos trabalhadores alemães. Bukharin é aplaudido pelos estudantes quando lhes pede que troquem os livros pelos fuzis. Resoluções aprovadas em assembleias de fábricas dizem que os operários russos renunciam a aumentos de salário e até aceitam reduções de salário para ajudar a revolução alemã. E assim por diante. Esses são, entre outros, alguns dos exemplos relacionados pelo historiador francês Pierre Broué, mostrando a esperança depositada pelos russos na futura revolução vizinha, que os ajudará a sair do isolamento.

Na Alemanha, os comunistas também se enchem de expectativas. E é claro que governo e polícia fazem sua parte: suspendem a circulação de vários jornais comunistas, entre eles *Die Rote Fahne*, e proíbem o conselho geral dos conselhos de fábrica da grande Berlim no dia 26 de agosto, visto como simples cobertura do KPD.

Em Moscou, as discussões sobre os preparativos da insurreição se prolongam por várias semanas. Tanto a direção moderada do KPD, representada por Brandler, quanto a ala esquerdista radical, liderada por Ruth Fischer, concordam que a tomada do poder está próxima. Todos acreditam que os conselhos de fábrica, ponto de encontro das massas revolucionárias naquele momento, representarão na Alemanha o papel que os sovietes haviam tido na Revolução Russa. Os preparativos técnicos da insurreição, voltados para as questões militares, são cuidadosamente elaborados. As milícias proletárias (centúrias), organizadas desde o começo do ano, teriam papel principal no início da insurreição. Não é fácil avaliar sua força real, mas há estimativas de que em outubro contariam com 100 mil homens, metade na Saxônia e na Turíngia, onde funcionavam legalmente. Apenas um quinto de seus membros pertencia ao KPD.

Esse número, em comparação com os efetivos do Exército, da polícia e das milícias de extrema direita, ainda é muito pequeno. Também não se sabe com precisão a quantidade de armas de que dispunham os conspiradores – o número varia de 600 a 50 mil fuzis. Neste último caso, otimista, a proporção seria de um fuzil para dois combatentes. Os revólveres são aparentemente mais numerosos, mas metralhadoras e armas pesadas são muito raras. Os insurretos acreditavam que, na "hora H", oficiais, suboficiais e soldados do Exército entregariam os depósitos de armas.

Desde os primeiros dias de setembro, dezenas de milhares de militantes comunistas entram na clandestinidade para preparar a insurreição. Albert, comunista francês, vivendo na Alemanha durante essas semanas, assim descreve os preparativos:

> Não há uma cidade no país em que as pessoas não se tenham preparado conscienciosamente para a batalha, com o cuidado minucioso de homens dispostos a dar tudo. Não há um dia sem trabalho duro, não há uma noite sem uma tarefa especial. Nenhum problema é negligenciado. Conheço camaradas que durante longas semanas não dormiram uma noite inteira. Vi rostos escavados pelo esgotamento. Os olhos, obstinados, conservavam a chama intensa. [...] O Partido Comunista da Alemanha deu ao proletariado do mundo o exemplo novo, precioso, de uma formidável preparação revolucionária. (apud Broué, 1971, p.735-6)

E outro revolucionário otimista diz: "Venceremos na data fixada. Tudo se fará muito melhor que na Rússia" (ibidem).

A extrema direita entra em ação

Em agosto de 1923, ao que tudo indicava, Stresemann defendia sinceramente a Constituição de Weimar, rejeitava a conspiração nacionalista e qualquer ideia de ditadura. Na verdade, só aos poucos Stresemann se torna um *Vernunftrepublikaner* (republicano racional), apoiando a República mais por razões pragmáticas que por princípios. Ministro dos Negócios Estrangeiros a partir de novembro de 1923, ele será o personagem principal da política alemã até morrer, em 1929. Seu republicanismo, ainda que pragmático, facilitou o trabalho conjunto com o SPD. Pelo menos quanto aos objetivos principais ambos concordavam: no plano externo, paz, e no interno, estabilização da moeda.

Para evitar uma explosão, dada a insustentável situação no Ruhr e no Reno (aqui, tentativas separatistas toleradas ou abertamente apoiadas pelas forças de ocupação fracassam), a primeira medida do governo é suspender oficialmente a "resistência passiva" no dia 26 de setembro e assim reconhecer a ocupação francesa. Doravante, os funcionários alemães podem trabalhar com as tropas de ocupação e obedecer às suas ordens.

Quanto ao segundo ponto, os capitalistas alemães percebem, a partir do verão de 1923, que a inflação não pode continuar. Já tinham acumulado fortunas, era melhor estabilizar a moeda antes que a revolução levasse pelos ares a pouca ordem existente. A partir do dia 22 de setembro o marco se estabiliza em torno de 100 milhões por 1 dólar. Como contrapartida pela sua colaboração com a política anti-inflacionária, os industriais exigem a supressão da jornada de trabalho de oito horas.

O maior desafio para o governo, logo após o fim da resistência passiva, vem da extrema direita, que denuncia a "capitulação perante os franceses". No próprio dia 26 de setembro, Kahr, o golpista da Baviera a que já nos referimos, preocupado com o sucesso da greve geral de 11 de agosto em Berlim e com o retorno da social-democracia ao poder, decreta estado de sítio e se autoproclama comissário-geral do Reich para a Baviera, o que na prática significa exercer poderes ditatoriais. A instauração de uma ditadura aberta dos partidos de direita na Baviera é um claro sinal de advertência ao Reich.

Na noite de 26 para 27, Ebert, utilizando o artigo 48 da Constituição, declara estado de sítio em todo o país e põe o poder executivo nas mãos do ministro do Exército. Todos os funcionários civis, inclusive Kahr, ficam assim subordinados ao poder militar do Reich. Ministros e imprensa social-democratas aprovam a decisão, justificada pelo "perigo reacionário na Baviera" e pela necessidade de "defender a República". Com isso se instaura na Alemanha uma espécie de ditadura militar, que será de grande utilidade contra a esquerda.

Porém, no dia 27, o general Von Lossow, comandante do Exército na Baviera, num ato de desobediência ostensiva às ordens de Berlim, põe-se sob o comando de Kahr, que, no dia seguinte, revoga a lei "de defesa da República", aprovada no momento do assassinato de Rathenau. Milícias de voluntários sob o comando de Ehrhardt, antigo líder do *putsch* de Kapp (fugido da prisão um pouco antes), ficam estacionadas na fronteira norte da Baviera, numa clara ameaça à "Saxônia Vermelha". Inspiradas na marcha de Mussolini sobre Roma no ano anterior, sonham em marchar sobre Berlim para "restabelecer a ordem".

A extrema direita se anima com os ventos que vêm da Baviera. No dia 1º de outubro, em Kustrin, no Norte da Alemanha, o "exército ilegal" ("*Schwarze Reichswehr*") tenta um golpe malsucedido, porém revelador do clima reinante de cruzada contra o bolchevismo, clima que, de Munique, avançaria sobre Berlim. Parece um retorno aos tempos do *putsch* de Kapp. Mas agora, com a classe operária esgotada pelos sofrimentos desse "ano terrível", tudo leva a crer que a iniciativa tinha passado às mãos dos fascistas.

No entanto, isso não representa um problema para os dirigentes comunistas, que contavam com essa ameaça para despertar a combatividade dos trabalhadores. Eles acreditam na possibilidade de uma repetição da greve de agosto para desmascarar a "grande coalizão" da burguesia. Tendo em vista a futura sublevação armada, a primeira que um partido comunista preparou tecnicamente desde a insurreição de outubro de 1917, no final de setembro é concebido o plano que, segundo o desejo de Trótski, deveria desencadear no quinto aniversário da Revolução Alemã, 9 de novembro de 1923, o "outubro alemão".

O "OUTUBRO ALEMÃO"

No começo de outubro, a "grande coalizão" entra em crise: o Partido Popular (DVP) rejeita qualquer medida contra a Baviera, enquanto o SPD quer preservar a jornada de oito horas. A direita, em bloco, exige a saída de Hilferding, que é substituído pelo empresário Luther, homem de confiança do DVP. Esse novo gabinete, ligeiramente modificado, exige plenos poderes (*Ermächtigungsgesetz*), concedidos no dia 13 de outubro, com os votos dos social-democratas. O governo pode promulgar decretos-lei no âmbito da economia, das finanças e da política social. Em outras palavras, a Alemanha passa a viver numa espécie de ditadura econômica, que, aliada à ditadura militar, dá todo o poder ao grande capital.

A situação continua tensa. O desemprego aumenta; os salários não valem nada; os sindicatos estão paralisados; as cidades, atormentadas pela fome. O relato do cronista dá notícia da miséria reinante:

> A rua cinzenta, pela manhã. Diante das leiterias esses lamentáveis ajuntamentos de mulheres pobres. Elas instalam-se, trazem bancos, cadeiras, um trabalho de costura. [...] Faz frio, a umidade atravessa as velhas roupas miseráveis. [...] Ficam ali dias inteiros para comprar um pouco de margarina. À sua frente o inevitável policial verde, rabugento e triste de vergonha pelo seu ofício. Um caminhão passa, carregado de batatas. Das duas calçadas, nada senão uma investida convergente. Garotos agarram-se à traseira do caminhão, jogam sobre o pavimento, às braçadas, os preciosos tubérculos, imediatamente apanhados. O motorista acelera. Um policial berra em vão. Vejo um senhor bem-vestido, talvez um pequeno empregado, recolher tranquilamente algumas

batatas e metê-las nos bolsos. Vejo uma mulher velha, grisalha e encurvada, que se esfalfa para aumentar sua porção [...]. A rua tem fome. A rua tem rostos de desespero, de cólera, de ódio. [...] Uma testemunha ocular contou-me uma dessas pilhagens. Ele estava encantado com o espírito de ordem dos esfomeados. Pilhagem metódica, sem quebra-quebra ou confusão inútil. Não se pegavam artigos de luxo. Pegavam-se pão, gordura, calçados. Bruscamente erguidos à consciência primitiva do seu direito à vida, homens condenados a morrer de fome pegavam alguma coisa para viver. Era preciso que a polícia interviesse para que a *expropriação* se transformasse em tumulto. (apud Broué, 1971, p.753)

Todo esse mal-estar e revolta, explícitos ou latentes, acabam sendo catalisados pelos eventos na Saxônia e na Turíngia. Esses dois *Länder* eram, havia meses, um espinho na carne do governo. Em março, a ala esquerda conseguira controlar o SPD na Saxônia e, com o voto dos comunistas, formara um governo puramente social-democrata, sob a presidência de Zeigner. No decorrer de julho, agosto e setembro, as centúrias proletárias e os comitês de controle tinham se fortalecido; nas greves e manifestações, controlavam praticamente toda a região.

Mas, na realidade, o governo social-democrata de esquerda era bastante cauteloso. Ele não promovia essas atividades revolucionárias, tanto que, em setembro, se recusou a apoiar um congresso das centúrias proletárias. Mas, ao mesmo tempo, não reprimia os comitês de controle nem as centúrias. Por um lado, porque perderia o apoio das massas trabalhadoras. Por outro, porque, se o fizesse, polícia e Exército sairiam fortalecidos. Embora o governo da Saxônia não quisesse utilizar a polícia contra os trabalhadores, também não conseguia depurar as forças policiais que agiam à sua revelia. Isso ficou patente numa manifestação em Dresden, no começo de setembro, quando a polícia matou treze trabalhadores. O fato é que esse governo exercia uma política moderada na tentativa de evitar uma intervenção federal. O que de nada adiantou.

No começo de outubro, era evidente que o governo do Reich investiria contra ele. O estado de sítio dava-lhe um poder suplementar para agir contra a esquerda. Um certo general Müller obtém plenos poderes para garantir a ordem pública, avisando que reuniões, publicações, manifestações de rua e greves nos setores "necessários à vida pública" serão reprimidas. Era só uma questão de tempo até que o governo local fosse deposto, ou pelas milícias fascistas de Erhardt, estacionadas na fronteira norte da Baviera, ou pelas tropas do exército regular de Von Seeckt e Müller, que marchavam de Berlim em direção ao Sul.

Um pouco antes, no final de setembro, os dirigentes russos haviam decidido que os representantes do KPD deveriam entrar nos governos da Saxônia e da Turíngia, a fim de ocupar posições estratégicas no conflito que se aproximava e armar os trabalhadores. Esse plano tinha sido discutido em Moscou durante várias semanas, e Brandler se opunha a ele, argumentando que os social-democratas de esquerda da Saxônia não eram confiáveis. Além disso, uma vez que os comunistas haviam rejeitado anteriormente entrar no governo saxão, essa mudança súbita, proveniente de negociações de cúpula, seria inexplicável para seus militantes e simpatizantes.

Mas a situação na Alemanha se precipita. Se não fossem os comunistas a tomar a iniciativa, ela ficaria por conta do general Müller. Brandler já estava a caminho da Alemanha quando, em Moscou, se decidiu que os comunistas participariam do governo, com a condição de que o grupo de Zeigner estivesse disposto a defender a Saxônia contra a Baviera e o fascismo. No dia 1º de outubro de 1923, Zinoviev, em nome do comitê executivo da Internacional, telegrafa ao KPD:

Como estimamos que a situação é tal que o momento decisivo virá em quatro, cinco ou seis semanas, julgamos necessário ocupar logo toda posição que possa ser utilizada imediatamente. Esta situação nos obriga a colocar a questão de nossa entrada no governo da Saxônia em termos práticos. Com a condição de que o pessoal de Zeigner esteja realmente disposto a defender a Saxônia contra a Baviera e os fascistas, nós devemos entrar no governo, proceder imediatamente ao armamento de 50 mil a 60 mil trabalhadores e ignorar o general Müller. O mesmo na Turíngia. (apud Weber, 2003, p.27)

No dia 8 de outubro, com Brandler já na Alemanha, o deputado comunista Remmele pronuncia o seguinte discurso no *Reichstag*:

> Nós sabemos muito bem: a ditadura branca que hoje reina na Alemanha só pode ser destruída pela ditadura vermelha. [...] As classes laboriosas não têm outra escolha senão reconhecer que o reino da força só pode ser abolido pelos meios e métodos que vocês mesmos empregam. [...] E quando vocês fazem os operários tomar consciência de que granadas e metralhadoras são armas melhores que todos os discursos no Parlamento, que as armas da ditadura branca são mais eficazes que as cédulas eleitorais, vocês mesmos não fazem senão criar as condições de sua própria liquidação! (apud Broué, 1971, p.756)

E em seguida torna pública a intenção dos comunistas de entrar nos governos da Saxônia e da Turíngia, deixando a direita assustada.

O governo Zeigner é formado no dia 10 de outubro com três ministros comunistas (Fritz Heckert, Paul Bötcher e Brandler). A central do KPD explica: "A ditadura dos militares e dos grandes capitalistas se prepara para estrangular a classe operária. [...] A constituição na

Saxônia de um governo de defesa proletária é um sinal para toda a classe operária alemã" (ibidem, p.757). No dia 16, dois deputados comunistas, entre eles o jurista e filósofo Karl Korsch, entram no governo da Turíngia. Entretanto, apesar dessa ação afirmativa, os dirigentes alemães têm dúvidas quanto ao sucesso da empreitada: o proletariado alemão está cansado, desconfia, com razão, das direções; o problema do armamento é sério, talvez seja melhor esperar em vez de participar de lutas isoladas.

Em parte os comunistas entram nesses governos como consequência das provocações do Exército. Em resposta às ameaças do general Müller é que se constitui o governo operário, oficialmente apresentado no Parlamento saxão como "de defesa republicana e proletária". Um de seus objetivos, segundo Zeigner, é desarmar as unidades militares burguesas e fortalecer as centúrias proletárias. Isso fica claro no pronunciamento do presidente da bancada do KPD, no *Landtag* saxão, quando da formação do governo: "Preparem-se por toda parte para a greve geral! Façam preparativos para deter os transportes que levarão o Exército e os bandos armados contra os trabalhadores!". Na realidade, tratava-se de um governo de resistência.

A partir do dia 12 começam as ameaças – verbais, por enquanto – do general Müller contra o governo saxão. As centúrias e os conselhos de fábrica, desafiando as ordens do general, continuam ativos; comícios são realizados contra suas tentativas de intimidação. Mas o fato é que o governo Zeigner não toma medidas concretas para armar as centúrias.

As ameaças do general Müller contra o governo da Saxônia provocam profunda consternação no SPD, cujo apego à ordem republicana sofria com a desestabilização das instituições. Um editorial do *Vorwärts*, do dia 14, reclamava do "intolerável" estado de sítio, que só tinha servido para combater o movimento operário e um governo constitucional presidido por um social-democrata. No dia 18, uma assembleia dos delegados sindicais de Berlim decide, por 1.500 votos contra cinquenta, desencadear uma greve geral se o Exército atacar a Saxônia. Até mesmo os dirigentes do governo prussiano, os social-democratas Otto Braun e Severing, mostram a Ebert sua preocupação com o comportamento do Exército na Saxônia.

Procurando acalmá-los, o chanceler Stresemann informa seus ministros, no dia 19, que algumas unidades do Exército tinham recebido ordens para concentrar-se na Saxônia e na Turíngia, a fim de "intimidar os elementos extremistas e restaurar a ordem pública e a segurança". No mesmo dia, uma mensagem do governo de Berlim garante a Zeigner que as tropas serão enviadas à Saxônia para protegê-la de eventuais ataques por parte da extrema direita bávara. Ainda no dia 19, *Die Rote Fahne* é autorizada a sair em Berlim – com isso os comunistas se acalmam.

Mas, nessa data, a ofensiva contra a Saxônia já está decidida. O general Müller envia a Zeigner uma carta em que diz ter recebido instruções para "restabelecer e manter as condições da ordem constitucional no estado livre da Saxônia", e que comunicará diretamente à população as razões da intervenção. No dia seguinte, grandes contingentes militares começam a atravessar a fronteira saxã, tomando cuidado para evitar o confronto com os trabalhadores.

Chegara a hora prevista para os revolucionários executarem seus planos. Segundo E. H. Carr, no fim das contas, tinha sido o Exército que "havia fixado a data em que os comunistas deveriam agir ou reconhecer sua impotência" (apud Broué, 1971, p.765). Entre 12 e 18 de outubro, a profunda cólera reinante nos meios populares provoca enfrentamentos em várias cidades e saques em Berlim. Nesses mesmos dias, confrontos do Exército com separatistas renanos, que queriam fundar uma república independente, elevam a temperatura ao máximo. O estopim da insurreição estava aceso. O que aconteceria daí por diante?

A MONTANHA PARIU UM RATO

No dia 20 de outubro, o comitê revolucionário se reúne clandestinamente em Dresden. A insurreição está prevista para começar no dia 23. De acordo com os planos, ela iniciará com a greve geral proposta pelos comunistas, a ser convocada pela conferência dos conselhos de fábrica, que se realizará em Chemnitz no domingo, dia 21, para debater a situação econômica e os problemas sociais do país. Na segunda-feira, dia 22, a greve geral em defesa da Saxônia se propagará por todos os lados. E a partir de terça-feira os ataques, tal como previsto, começarão.

No dia 21, 498 delegados se reúnem em Chemnitz sem nenhum problema: 140 enviados pelos conselhos de fábrica, 120 de sindicatos diversos, 79 designados por comitês de controle, 26 de cooperativas operárias, 15 de comitês de ação, 16 de comitês de desempregados, 66 de organizações do KPD, sete de organizações social-democratas e um independente.

A conferência começa com discursos do ministro do Trabalho, o social-democrata Graupe, e dos dois ministros comunistas, Böttcher e Heckert, sobre a crise econômica, os problemas de abastecimento e o aumento catastrófico do desemprego. Já os delegados presentes entre o público estão preocupados com a situação política na Saxônia e a necessidade de combater a ditadura militar. Vários exigem uma tomada de posição do governo, que se lance a palavra de ordem de greve geral contra o estado de sítio e contra a mobilização do Exército.

Brandler sobe à tribuna. Esperando apoio entusiástico, defende a convocação imediata de uma greve geral de solidariedade aos trabalhadores saxões. Em seguida, pede aos social-democratas de esquerda que desistam de esperar um acordo com o governo de Berlim, que supostamente protegeria a Saxônia. Por fim, insistindo na necessidade de uma decisão unânime, propõe que se vote imediatamente. A resposta é o silêncio.

Nesse momento, Graupe toma a palavra para dizer que aquela conferência não poderia decidir qual seria a reação dos trabalhadores saxões às ameaças do Exército. A decisão cabia ao governo e à maioria social-democrata e comunista no *Landtag*, não aos conselhos de fábrica. Se os comunistas insistirem na proposta, a delegação social-democrata abandonará a sala e deixará que decidam sozinhos. Porém, como a situação é grave, propõe que seja eleita uma comissão paritária de militantes dos dois partidos para estudar o problema da greve geral e fazer um relatório antes do fim da conferência. Sem apoio, Brandler retira sua moção e adere à de Graupe, que é unanimemente aceita.

Na verdade, a comissão não passa de pretexto para adiar qualquer tomada de decisão. Nessa mesma noite, a central do partido se reúne em Chemnitz e resolve abandonar o plano da insurreição. No dia seguinte, quando ela volta a se reunir, as tropas do general Müller já tinham ocupado as ruas da cidade. O próprio Radek concorda que é preciso recuar. Os comunistas não podem chamar à insurreição armada um proletariado dividido e praticamente sem armas. Era evidente que o fracasso do plano punha em questão não só as condições em que tinha sido feito – imposto pelas lideranças russas – como também toda a análise que o justificava.

A única cidade onde um punhado de comunistas se subleva – não foram avisados a tempo da mudança de planos – é Hamburgo. Isolada da massa dos trabalhadores, a insurreição dura 24 horas. Mais tarde, na época do KPD stalinizado, a insurreição de Hamburgo é transformada em mito, sobretudo pelo papel (exagerado) nela atribuído a Ernst Thälmann, futuro presidente stalinista do partido.

A intervenção do Exército contra a coalizão governamental entre social-democratas e comunistas na Saxônia e na Turíngia, ao mesmo tempo que mostra indulgência com as forças de extrema direita na Baviera, não tem apoio do SPD. Este, com uma moção de censura, acaba derrubando o governo Stresemann.

No caso dos comunistas, todo esse imbróglio tem resultados bem mais sérios. Embora o comitê central do KPD, reunido clandestinamente nos dias 3 e 4 de novembro, se recuse a considerar um erro os planos insurrecionais, o fato é que em 1923 o KPD não consegue fazer prevalecer seu ideário conselhista nos moldes soviéticos, e suas tentativas de conquistar o poder pela força fracassam.

As consequências dessa derrota são várias. O KPD fica proibido de funcionar de 23 de novembro de 1923 a 1º de março de 1924, embora seja uma interdição relativamente moderada, que não impede os comunistas de prosseguirem seus debates na ilegalidade. Ao mesmo tempo, as lutas intergrupais tornam-se mais agudas, sobretudo por serem reflexo do combate pelo poder que se iniciava no Partido Comunista da Rússia entre os partidários de Stálin e de Trótski. Brandler, responsabilizado pela derrota de 1923, é substituído na direção em fevereiro de 1924 pelo comitê central do KPD, e o "brandlerismo" passa a ser combatido em associação com o "trotskismo". Nos primeiros meses de 1924, o KPD perde metade de seus membros. Os que permanecem pendem para a esquerda e, com isso, o partido enverada pelo caminho da radicalização crescente.

As lutas pelo poder no KPD repercutem na Internacional, que em seu V Congresso, em julho de 1924, obriga todos os partidos comunistas à "bolchevização", ou seja, a tomar como modelo a experiência do vitorioso Partido Comunista da Rússia. A nova direção do KPD – Ruth

Fischer, Maslow e Thälmann, entre outros – continua afirmando que a Alemanha se encontra numa "situação revolucionária"; que o partido deve preparar-se para a revolução a fim de não fracassar como em 1923; e que o meio para isso é a "bolchevização", doravante executada por eles com grande tenacidade. Com essa orientação, subordinam-se incondicionalmente às diretrizes, mesmo contraditórias, de Moscou. O KPD, com a "bolchevização", começa a se transformar no que em breve será chamado de partido stalinista.

Mas a dupla Fischer-Maslow não dura muito. Ela é afastada da direção em agosto de 1925 pelo comitê executivo da Internacional, numa ingerência ostensiva dos russos nos assuntos alemães. Essa interferência direta provoca lutas cada vez mais acirradas entre os grupos comunistas alemães, desmoralizando crescentemente o partido, até que por fim este passa a ser comandado diretamente pela Internacional. Com a stalinização do KPD, consuma-se a submissão do KPD à União Soviética. Pode-se dizer, com Hermann Weber, que a consequência mais grave do "outubro alemão" foi não apenas o isolamento e a marginalização dos comunistas na República de Weimar, mas sobretudo a total dependência da seção alemã em relação a Stálin. De 1924 a 1930, os comunistas deixam de ser uma força política importante no movimento operário, sua visibilidade sendo muito superior à sua força.

A partir daí, os militantes comunistas assistem à imposição do mito da infalibilidade da União Soviética. Embora esse caminho tenha começado a ser trilhado em 1924, com a "bolchevização" do KPD implementada pela dobradinha Fischer-Maslow, a repressão de um ideário "comunista ocidental" e a cisão definitiva entre comunistas e social-democratas só são levadas a cabo no final da década.

Por fim, concordamos com Hermann Weber, para quem o "outubro alemão" não passou de uma tentativa de golpe (o que Paul Levi já havia dito da "ação de março" de 1921) a serviço dos interesses da União Soviética. Isso mostra como é equivocada a ideia de que os comunistas tinham na Alemanha chances reais de vitória. E também não passa de lenda que um "outubro alemão" vitorioso teria dado perspectivas democráticas ao comunismo internacional. A hegemonia dos comunistas russos (ou seja, os adeptos de Stálin) na Internacional tinha se aprofundado de tal modo em 1923 que já não era possível mudar a fatídica evolução do comunismo internacional e, em particular, do KPD.[1]

Enquanto isso, a extrema direita na Baviera, liderada por um grupo de nacionalistas que incluía oficiais do Exército, bem como o líder do Partido Nazista (NSDAP), Adolf Hitler, faz planos para marchar sobre Berlim. Na última hora, nos dias 8 e 9 de novembro de 1923, Hitler perde o apoio de seus aliados mais poderosos na hierarquia bávara, o golpe nazista fica isolado e é rapidamente liquidado pelo Exército. Saldo: catorze mortos, vários presos, entre eles Hitler, que recebeu uma pena mínima de cinco anos, da qual só cumpriria alguns meses. Catorze anos mais tarde ele será o "Führer" do povo alemão. O futuro ditador aproveitará essa confortável estada na prisão de Landsberg para redigir o famigerado *Mein Kampf* (Minha luta).

A República consegue finalmente impor-se no outono de 1923, contra a esquerda e a direita. As tentativas de golpe de ambos os lados são reprimidas; a inflação, contida com uma reforma fiscal; os conflitos na política externa começam a diminuir; a política interna se estabiliza lentamente, é claro que à custa dos trabalhadores: a

---

[1] Documentos dos arquivos russos, publicados pela primeira vez em 2003, comprovam a subordinação do KPD ao comitê executivo da Internacional Comunista. Cf. Weber, 2003.

maior conquista de novembro de 1918, a jornada de trabalho de oito horas, acaba sendo suprimida.

Mas já se podia perceber com clareza que a base de sustentação dos defensores da República era muito precária: as insurreições de esquerda eram mais fortemente combatidas que as de direita, as lideranças das Forças Armadas tinham sempre um comportamento ambíguo, para dizer o mínimo, quando chamadas a agir contra as forças contrarrevolucionárias. E, por fim, a agitação incessante contra a "República de novembro" introduzia já naquela época a suspeita de que o ideário democrático-parlamentar ainda não deitara raízes na Alemanha do pós-guerra. É o que Toller (1990, p.107) reconhece quando escreve: "Seriam necessários anos para superar o vício do militarismo. O antigo Estado era forte graças à submissão de seus cidadãos, cultivada nas escolas, casernas, associações, jornais. A nova sociedade só pode ser construída por pessoas livres, o espírito de submissão a destrói".

Epílogo

Os vencedores da crise de 1923 são o grande capital e seu sustentáculo militar, o Exército. Essa vitória é fortalecida com a ajuda do capital externo, que investe pesadamente na recuperação da economia alemã: as fábricas são modernizadas, a produção aumenta, a situação política se estabiliza.

Embora essa estabilização tenha freado passageiramente o crescimento dos movimentos hostis à República, as forças republicanas sofrem um duro golpe em 1925. Nesse ano, após a morte prematura de Ebert, o marechal Hindenburg, fiel defensor da Alemanha imperial, é eleito presidente da República, num claro sintoma da sobrevivência do antigo regime.

As eleições para o *Reichstag* em maio de 1928 trazem pela última vez resultados favoráveis à República. O SPD obtém uma vitória expressiva, tendo superado a votação de 1919, e forma um governo de "grande coalizão" com os partidos burgueses que dura até março de 1930. Esse breve governo constitui o último período de democracia parlamentar da República de Weimar.

Apesar da recuperação rápida da economia, com a entrada de capitais norte-americanos, a verdade é que nenhum problema fundamental foi resolvido. O desemprego estrutural, oriundo da racionalização dos métodos de trabalho importados dos Estados Unidos, persiste, bem como a crise agrícola que prejudica os pequenos produtores. Em consequência, cria-se uma situação contraditória: embora haja prosperidade, os salários e o progresso social permanecem estagnados, precisamente no momento em que o SPD participa do governo de coalizão.

Em outubro de 1929, o *crash* da bolsa de Nova York tem efeito fulminante sobre a economia alemã, totalmente dependente dos empréstimos externos e voltada para a exportação. Os capitais norte-americanos deixam o país, os empréstimos são renovados no curto prazo, os mercados externos fecham-se às exportações alemãs. A isso se junta a dificuldade em importar matérias-primas, o que acarreta demissões em massa e fechamento de indústrias. Essa nova catástrofe econômica e social culmina, no início de 1932, em 6 milhões de desempregados, ou seja, 44% da força de trabalho. Nesse ano, 85% dos membros do KPD estão desempregados.

Não é nosso objetivo, nem seria possível, pintar um quadro detalhado do processo tumultuoso que leva à derrocada da República de Weimar e à ascensão de Hitler ao poder. Vamos apenas acompanhar os últimos suspiros de dois dos grupos de personagens principais de nossa história, comunistas e social-democratas, e mostrar sua parte de responsabilidade na catástrofe que abalou a Alemanha e o restante do mundo.

Nessa época, a história do KPD encontra-se inextricavelmente entrelaçada com o que se passa na União

Soviética. Depois da derrota do "outubro alemão", a Internacional abandona novamente a política de frente única, passando a criticar abertamente não só as lideranças social-democratas, mas também suas organizações. A reviravolta comunista é em grande parte fruto da crise econômica e social que domina a Rússia desde o fim da "nova política econômica" (NEP) e que leva à vitória de Stálin. No VI Congresso da Internacional (julho-agosto de 1928), num arroubo de voluntarismo, Stálin apega-se à ideia de que se assiste ao fim do período de "estabilização relativa" do capitalismo e ao começo da ascensão revolucionária das massas no Ocidente, o que permitirá trazer auxílio à complicada situação econômica russa. Nesse contexto, o Congresso também discute a suposta iminência da guerra dos países capitalistas contra a URSS, insuflada pela social-democracia. Assim, a defesa da "pátria do socialismo" é a tarefa mais importante. É nessa época que tem início a coletivização forçada, ao lado dos projetos de industrialização acelerada que só podem ser levados a cabo por meio de uma política de repressão draconiana de toda oposição interna na URSS.

Com esse pano de fundo, a reunião da Internacional realizada em julho de 1929, retomando uma afirmação de Zinoviev no V Congresso da Internacional (julho de 1924) – "A social-democracia transformou-se numa ala do fascismo" –, adota o conceito de "social-fascismo" para definir a social-democracia. Qualquer aliança com os partidários da social-democracia para lutar contra o fascismo se torna impossível. Essa foi provavelmente a palavra de ordem mais inepta – uma "idiotice suicida", nas palavras de Hobsbawm – de que se tem notícia em toda a história do movimento operário internacional e que contribuiu de maneira decisiva para a cisão e o enfraquecimento da esquerda alemã. A sua contraface é evidentemente o fortalecimento da extrema direita.

Infelizmente, nem comunistas nem social-democratas conseguem enfrentar a crise que começa em meados de 1929. Essa crise, e o desemprego em massa que dela resulta, abre as portas para um ataque enérgico dos empresários contra os direitos dos trabalhadores. A social-democracia, que, como sempre, temia ações de massa extraparlamentares e prezava acima de tudo a preservação das instituições republicanas, nada faz para defender os trabalhadores. O Partido Comunista, que com sua política de ataque à social-democracia (inclusive aos sindicatos ligados a ela) havia sido alijado dos sindicatos, torna-se um partido exclusivamente de desempregados. A falta de perspectiva do campo da esquerda leva as classes médias ameaçadas pela crise, empregados e funcionários cada vez mais para a esfera de influência do fascismo.

Hobsbawm (2002, p.65-6), em suas memórias, lembra que

> Em 1928 a ultradireita fanática parecia virtualmente extinta. Nas eleições daquele ano o partido nazista de Hitler ficou reduzido a 2,5% e a doze assentos no *Reichstag*, menos do que o cada vez mais débil Partido Democrata, o mais fiel sustentáculo de Weimar. Dois anos mais tarde os nazistas estavam de volta com 107 cadeiras, em segundo lugar, atrás dos social-democratas. O que restava de Weimar foi governado por decretos de emergência. Entre o verão de 1930 e fevereiro de 1932, o *Reichstag* esteve reunido por menos de dez semanas no total. E, à medida que crescia o desemprego, também cresciam inelutavelmente as forças de alguma espécie de solução radical-revolucionária: o nacional-socialismo à direita e o comunismo à esquerda. Era esse o cenário quando cheguei a Berlim, no verão de 1931.

Quando o jovem Hobsbawm chega à capital do Reich, já não existe governo de coalizão social-democrata.

Este acabara melancolicamente em março de 1930, sem conseguir resolver os problemas decorrentes da crise. Sucedera-lhe Bruning, deputado do *Zentrum* católico. Não tendo maioria no Parlamento, governa por decretos, apoiado no artigo 48 da Constituição e na dependência direta do presidente Hindenburg. Durante dois anos promove uma política feroz contra os direitos dos trabalhadores, do agrado das classes dominantes. Porém, nos últimos meses de seu governo, toca num ponto particularmente sensível: defende a proibição das tropas paramilitares nazistas, as SA, que pela sua violência prejudicavam a boa imagem da República. Com isso, perde o apoio dos grandes proprietários de terras e do Exército e acaba demitido por Hindenburg em 30 de maio de 1932. A ele sucedem os curtos governos do barão Von Papen (1º de junho a 17 de novembro de 1932) e do general Schleicher (3 de dezembro de 1932 a 28 de janeiro de 1933), cada vez mais autoritários.

Nas numerosas eleições realizadas entre 1930 e 1933, o KPD obtém crescente sucesso. Os trabalhadores desempregados votam nele. Mas o movimento de massas fascista cresce bem mais rapidamente. Os antigos eleitores dos partidos burgueses passam a votar no Partido Nazista, que tem um aumento espetacular – passou de doze para 107 deputados, nas eleições de setembro de 1930, e para 230 em julho de 1932. Entretanto, essa tendência se inverte nas eleições legislativas de novembro de 1932, nas quais o Partido Nazista (embora continuasse com a maior bancada do *Reichstag*) perde mais de 2 milhões de votos e 34 deputados, enquanto os outros partidos se mantêm razoavelmente estáveis. Para muitos autores, essa é uma prova de que a catástrofe estava longe de ser inevitável. Uma aliança dos partidos operários talvez tivesse impedido, ou pelo menos adiado, esse desfecho.

Depois do breve interregno do general Schleicher, Adolf Hitler é nomeado chanceler em 30 de janeiro de

1933. Mesmo assim, os líderes social-democratas não reagem, pensando que nas próximas eleições darão o troco. Os comunistas por sua vez também não têm consciência do que se passa; para eles, todos os governos anteriores já eram fascistas. Nos três últimos anos da República de Weimar, o KPD acredita ser necessário, em primeiro lugar, destruir a social-democracia, a fim de eliminar as ilusões reformistas do proletariado, papel que poderia caber ao nazismo. O partido nazista é considerado sem importância, apenas um instrumento transitório da burguesia enquanto lhe for útil. Ao mesmo tempo, vê com excessivo otimismo o aumento do número de seus militantes (predominantemente recrutados nas camadas de trabalhadores jovens e desempregados) e seu próprio crescimento eleitoral: 54 deputados em 1928, 77 em 1930 e 100 em 1932, enquanto se regozija com a perda de votos do SPD, que passa de 153 para 143 e, por fim, para 121 deputados nesse mesmo período.

Na noite de 27 de fevereiro, o prédio do *Reichstag* é incendiado, o que serve de pretexto para abolir os direitos fundamentais garantidos pela Constituição de Weimar. A porta estava aberta para a perseguição e prisão dos adversários políticos, que se encontravam sobretudo no campo da esquerda. Acusados pelo incêndio, os comunistas são o primeiro alvo. Em março o KPD é posto na ilegalidade. Ernst Thälmann, o conhecido dirigente stalinista, é preso e virá a morrer num campo de concentração em 1943. Lembra Hobsbawm que, no final de abril de 1933, somente na Prússia, 25 mil pessoas se encontravam em "prisão cautelar".

Por sua vez, o SPD faz uma série de concessões para se manter na legalidade, chegando ao ponto de concordar em expulsar os judeus do partido. O que não impede que em fevereiro sua imprensa seja proibida; em maio, o partido e os sindicatos são fechados, seus deputados cassados, os dirigentes presos.

O naufrágio da democracia era inevitável na Alemanha? Uma resposta a essa pergunta não é fácil. Existe uma literatura inesgotável a esse respeito, não é o caso de resumi-la aqui. O máximo que podemos sugerir o leitor encontrará nas páginas seguintes, em que procuramos indicar, com base na interpretação dominante da historiografia alemã contemporânea, que a social-democracia tinha razoável margem de manobra para consolidar a democracia e não soube aproveitá-la.

5. Conclusão

Talvez seja difícil encontrar algum outro episódio histórico tão controverso na história do século XX quanto a Revolução Alemã, cujo desenrolar acabamos de descrever. As interpretações a seu respeito variaram no decorrer do tempo, conforme o credo político e as linhas de força contemporâneas do historiador.[1]

Durante a República de Weimar, teve início a interpretação liberal-democrática da revolução, de que os social-democratas se apropriaram antes de 1933, segundo a qual os acontecimentos entre novembro de 1918 e o início de 1919 representavam uma luta vitoriosa contra o bolchevismo. Essa foi a interpretação hegemônica na República Federal Alemã depois de 1945: a colaboração da social-democracia majoritária (Ebert) com os oficiais do Exército Imperial e com a antiga burocracia, permitindo a derrota das forças revolucionárias, é que tinha preparado o terreno para a construção da República Parlamentar e impedido que a Alemanha caísse nas mãos do bolchevismo.

Com o fim do nazismo, essa interpretação era bem-vinda, pois ligava o governo da RFA aos democratas de Weimar. O comportamento de Ebert e da social-democracia majoritária era julgado de forma positiva, algo perfeitamente compreensível depois das difamações que estes haviam sofrido durante o período nazista. Ao mesmo tempo, essa avaliação positiva também tinha implicações

---

[1] Para esta parte, cf. Kolb, 1988, p.153-63.

políticas atuais: o início da Guerra Fria oferecia a oportunidade de mostrar o vínculo entre proteção da democracia e rejeição do comunismo – daí o paralelo entre 1918-1919 e 1945.

Essa interpretação dominante após a Segunda Guerra Mundial se baseava na suposição (que as fontes históricas não comprovam) de que a extrema esquerda do movimento operário alemão teria tido a possibilidade de impedir a construção da República Parlamentar e as eleições para a Assembleia Nacional, impondo uma revolução social segundo o modelo bolchevique. Nessa perspectiva enfatizaram-se fortemente o potencial e as possibilidades de ação das forças que propugnavam a ditadura do proletariado.

Paradoxalmente, a interpretação "burguesa" da revolução, vigente nos anos 1950, estava em sintonia com a interpretação da historiografia marxista-leninista da República Democrática Alemã, em que a Liga Spartakus figurava como a força principal. Essa historiografia analisava a Revolução de 1918-1919 em função do presente: seu objetivo era tirar "lições", visando a orientar a luta contra o imperialismo naquele momento. Por isso a direção do Partido Socialista Unificado (SED, nome do KPD na época da RDA) já nos anos 1950 elegeu a revolução de novembro como modelo, para que os historiadores da RDA demonstrassem o papel dirigente do partido naqueles acontecimentos históricos.

Em 1958, o comitê central do SED elaborou "teses" sobre a revolução de novembro. Enquanto anteriormente alguns historiadores comunistas interpretavam essa revolução como uma revolução proletária derrotada, nas "teses" de 1958 ela foi assim definida: "de acordo com seu caráter a revolução de novembro é uma revolução democrático-burguesa, que em certa medida foi conduzida com meios e métodos proletários". Se não houve na Alemanha uma "revolução proletária", embora existissem condições objetivas para isso, a responsabilidade recaí sobre a falta de maturidade do "fator subjetivo": as massas não estavam satisfatoriamente organizadas para a luta pela tomada do poder. Em outras palavras, o que (ainda) faltava naquela época na Alemanha era um "partido marxista-leninista combativo". O critério decisivo para avaliar o caráter da revolução era dado pela existência desse partido, visto como a condição mais importante para a vitória da revolução proletária. A fundação do KPD representava assim a guinada decisiva na história do movimento operário alemão. Rosa Luxemburgo e a ala esquerda da social-democracia alemã eram criticadas por não terem rompido antes com o SPD e construído mais cedo o partido vanguarda do proletariado.

A partir desse critério, os historiadores marxistas-leninistas julgavam os grupos políticos naquela conjuntura. Enquanto a direção do SPD era considerada "traidora", e a direção do USPD, culpada por incapacidade e falta de clareza, a luta política dos spartakistas-comunistas era avaliada apenas de forma positiva. A força da Liga Spartakus e sua influência no decorrer dos acontecimentos eram exageradas, e sua tática equivocada surgia apenas sob uma luz favorável. Os spartakistas-comunistas apareciam como os únicos verdadeiros revolucionários, que mostravam o objetivo e a direção da luta proletária, estabelecendo-se assim a continuidade da "linha justa" desde o início do comunismo alemão.

A interpretação da Revolução Alemã hoje dominante, que teve início nos anos 1960 na República Federal (os nomes mais representativos são E. Kolb e H. A. Winkler), começou investigando se a extrema esquerda era de fato uma ameaça e se a bolchevização da Alemanha era uma possibilidade real. Nessa pesquisa, os conselhos passaram a ser o tema central, na medida em que eles eram, desde os primeiros dias de novembro de 1918, os verdadeiros representantes do movimento revolucionário.

Em toda a pesquisa anterior os conselhos haviam sido julgados de maneira problemática, vistos sempre de modo depreciativo, como instrumentos nas mãos da extrema esquerda. Essa era a imagem corriqueira durante a época nazista. O único historiador que se contrapôs a ela foi Arthur Rosenberg, para quem os conselhos eram a base de uma democracia popular (como vimos em nosso relato), mas sua interpretação só foi levada em conta no final da década de 1950.

As pesquisas das fontes a partir dos anos 1960 levaram a dois resultados importantes, tal como mostrado aqui: os conselhos eram dominados pela social-democracia majoritária e pelos independentes moderados, e a extrema esquerda tinha neles poucos representantes. Nesse sentido, estavam longe de ser instrumentos de uma minoria radical, muito menos precursores de uma revolução nos moldes bolcheviques. Mas ao mesmo tempo, como vimos, os conselhos, seguindo a linha do programa social-democrata, fizeram reivindicações que visavam a uma reforma radical da sociedade autoritária herdada do império.

O segundo resultado a que essa pesquisa chegou, e que também adotamos aqui, foi que a revolução teve duas fases distintas: a primeira, da queda da monarquia até o final de dezembro (com o fim da coalizão SPD/USPD), ou até a insurreição de janeiro e as eleições para a Assembleia Nacional. Nessa fase, moderada, os conselhos eram representantes de um amplo movimento popular, e seus atores eram trabalhadores e soldados que consideravam os conselhos instituições transitórias. A segunda fase vai até maio de 1919 (na nossa exposição ela foi estendida até a greve geral de março de 1920 contra o *putsch* de Kapp). Assiste-se a uma radicalização crescente de grande parte do operariado, que, decepcionado com a falta de mudanças, decide enfrentar o governo. Este, para impor sua autoridade, utiliza o poder militar contra os trabalhadores. Nessa fase, os conselhos perdem influência política; o movimento de massas não se desenvolve mais dentro deles. Só agora se pode falar em "ideologia conselhista", que é formulada por membros da ala esquerda do USPD: os conselhos são vistos como órgãos da luta de classes, sendo defendida a socialização ligada à institucionalização dos conselhos. Em suma, o que fica claro nessas pesquisas é que o movimento de massas não nasceu radical, ele se radicalizou no decorrer da revolução e por conta da falta de ousadia do governo social-democrata.

Assim, a interpretação hoje hegemônica conclui que a Alemanha não estava à beira do bolchevismo, e que os majoritários tinham uma margem de manobra muito maior do que fazia supor a alternativa bolchevização da Alemanha ou construção da democracia parlamentar por meio da aliança entre social-democracia e elites tradicionais. O governo oriundo da revolução poderia ter dado os primeiros passos para uma socialização das minas e poderia ter utilizado o potencial dos conselhos a favor de uma reforma política social-democrata.

Porém, a direção do SPD se recusou a seguir esse caminho, não porque houvesse uma pressão muito forte das velhas elites, mas porque confiava na lealdade delas em relação ao novo poder. E também porque tinha "um pé atrás" em relação ao movimento espontâneo das massas populares – um movimento que, como vimos, não era radical no começo, e que se movia no interior do próprio programa social-democrata. O resultado desse comportamento temeroso e sem criatividade foi que aquilo que tinha começado, em novembro de 1918, como um movimento popular democrático acabou, no primeiro semestre de 1919, em radicalização e resignação. O que poderíamos considerar a terceira fase da revolução, que vai de 1921 a 1923, pontuada pelas tentativas de golpe do KPD, é apenas um desdobramento desse percurso: as grandes massas saíram de cena e foram substituídas pelo Partido Comunista, como vimos no capítulo 4.

O alvo geral dessa interpretação são os dirigentes do SPD (sobretudo Ebert), porém, é uma crítica diferente da dos historiadores marxistas-leninistas: ela não censura os dirigentes social-democratas majoritários por não terem trabalhado para estabelecer a ditadura do proletariado, que eles rejeitavam abertamente, ou por não terem adotado a perspectiva revolucionária de Lênin. A crítica não é externa, mas interna, e mostra que o SPD não quis, com os meios e com a margem de manobra de que dispunha, sequer realizar seu próprio programa.

É nesse sentido que Sebastian Haffner se refere à Revolução Alemã como uma revolução "traída". A revolução de 1918 era uma revolução social-democrata que foi "sufocada no seu sangue não pelos príncipes e monarcas que derrubou, e sim pelos seus próprios dirigentes que ela, cheia de confiança, levou ao poder". Até mesmo um aristocrata como o conde Kessler, simpatizante da esquerda radical, revela em seu diário absoluta clareza a respeito do que estava em jogo naquele momento:

> O mais terrível seria que toda essa devastação e todo esse sofrimento não fossem as dores de parto de um novo tempo, que não existisse nada que quisesse nascer e que afinal só fosse preciso fazer remendos. O sentimento de que isso possa acontecer, o medo desse fim, é o que impulsiona os melhores dentre os spartakistas. A velha social-democracia quer mudanças puramente materiais, uma distribuição e uma organização mais justas e melhores, nada de idealmente novo. Em contrapartida, os exaltados pendem continuamente para a esquerda, e essa é de fato a única recompensa pelos monstruosos rios de sangue da Guerra Mundial. (apud Dederke, 1984, p.411).

Pelo lado negativo, a Revolução Alemã garantiu a Ebert e a Noske a imortalidade. Eles foram os primeiros, numa longa trajetória de partidos de esquerda, a terem "esquecido" o programa socialista em nome da lei e da ordem. Franz Mehring, pouco antes de morrer, disse da social-democracia alemã: "Nenhum governo desceu tão baixo". E Gustav Landauer, antes de ser assassinado pelos corpos francos de Noske: "Não conheço em toda a história da natureza nenhum ser mais repugnante que o partido social-democrata".

Num livro recente sobre a Revolução Alemã, Joachim Käppner rejeita o termo "traição" empregado por Sebastian Haffner para classificar o comportamento da social-democracia, embora compartilhe da interpretação dominante que responsabiliza Ebert e companheiros pela falta de enraizamento da República. Ele insiste sobretudo em que a recusa a incriminar os militares pelas mentiras e pela escalada da guerra, a criar uma força de defesa republicana, além de tudo o que foi mencionado neste livro, que tudo isso enfraqueceu e isolou as forças democráticas e permitiu o fortalecimento da extrema direita. Ebert e seus companheiros não "traíram" a revolução, eles fizeram o seu melhor, mas o seu melhor ficou aquém de uma revolução que eles não entendiam, que "era, na realidade, uma revolta pela liberdade" (Käppner, 2017, p.461), e não a tentativa insensata de instaurar uma ditadura do proletariado. O preço pago pelo povo alemão foi muito alto, incluindo a burguesia, que se regozijara com a derrota da revolução. Veio o Terceiro Reich, uma nova guerra mundial, uma segunda e maior derrota, a perda da unidade nacional e da soberania.

O historiador H. A. Winkler pensa que, com a queda do Muro de Berlim e a reunificação em 1990, a Alemanha concluiu seu "longo caminho para o Ocidente". Mas isso não significa que a democracia radical defendida pela extrema esquerda e encarnada nos conselhos tenha se realizado, seja na Alemanha, seja em qualquer outra parte do mundo. Por isso mesmo, a "causa perdida" dos revolucionários alemães permaneceu no horizonte da esquerda do século XX, e ainda hoje nos interpela.

Bibliografia

ABENDROTH, W. *Histoire du Mouvement Ouvrier en Europe*. Paris: Maspero, 1973.

BADIA, G. *Les Spartakistes*. Paris: Julliard, 1966.

_____. *Histoire de l'Allemagne Contemporaine 1917-1933*. Paris: Éditions Sociales, 1975.

BROUÉ, P. *Révolution en Allemagne (1917-1923)*. Paris: Les Éditions de Minuit, 1971.

CLAUDIN, F. *La Crise du Mouvement Communiste*. Paris: Maspero, 1972. v.1.

DEDERKE, K. Sinngebung der Novemberrevolution in den Jahren 1918/1919 und 1928/1929. In: SALEWSKI, M. (Org.). *Die Deutschen und die Revolution*. Göttingen, Zurique: MusterSchmidt Verlag, 1984.

DÖBLIN, A. *November 1918*. Eine deutsche Revolution. Munique: Deutscher Taschenbuch Verlag, 1978.

ELIAS, N. *Os alemães*. Rio de Janeiro: Zahar, 1997.

FELDMAN, G.; KOLB, E.; RÜRUP, R. D. Die Massenbewegung in Deutschland am Ende des Ersten Weltkrieges (1917-1920). *Politische Vierteljahresschrift*, ano 13, ago. 1972.

FULBROOK, M. A *Concise History of Germany*. Cambridge: Cambridge University Press, 1990.

GIETINGER, K. *Eine Leiche im Landwehrkanal*. Die Ermordung Rosa Luxemburgs. Hamburgo: Nautilus Verlag, 2009.

HAFFNER, S. *1918/19*: Eine deutsche Revolution. Munique: Kindler Verlag, 1988.

HARMAN, C. Die *verlorene Revolution*: Deutschland 1918-23. Frankfurt am Main: VGZA e. V., 1998.

HOBSBAWM, E. *A era dos impérios*: 1875-1914. Rio de Janeiro: Paz e Terra, 1988.

HOBSBAWM, E. *Tempos interessantes*: uma vida no século XX. São Paulo: Companhia das Letras, 2002.

HÖLLER, R. *Der Anfang, der ein Ende war*: Die Revolution in Bayern 1918/19. Berlim: Aufbau Taschenbuch Verlag, 1999.

HUGUET, M. G. *La invención del Marxismo*. Madrid: IEPALA Editorial, s/d.

HUNT, R. N. Friedrich Ebert und Die Deutsche Revolution von 1918. In: KOLB, E. (Org.). *Vom Kaiserreich zur Weimarer Republik*. Köln: Kiepenheuer & Witsch, 1972.

JONES, M. *Am Anfang war Gewalt*. Die deutsche Revolution 1918/19 und der Beginn der Weimarer Republik. Berlim: Propyläen, 2017.

KÄPPNER, J. *1918. Aufstand für die Freiheit*. Die Revolution der Besonnenen. Munique: Piper, 2017.

KOLB, E. *Die Arbeiterräte in Der Deutschen Innenpolitik 1918-1919*. Düsseldorf: Droste Verlag, 1962.

_____. Arbeiter- und Soldatenräte in der Deutschen Revolution. In: SALEWSKI, M. (Org.). *Die Deutschen und die Revolution*. Göttingen, Zurique: Muster-Schmidt Verlag, 1984.

_____. *Die Weimarer Republik*. Munique: R. Oldenburg Verlag, 1988.

LÖWY, M. *Para uma sociologia dos intelectuais revolucionários*: a evolução política de Lukács (1909-1929). São Paulo: Livraria Editora Ciências Humanas, 1979.

LUXEMBURG, R. Die Wiederaufbau der Internationale. In: *Gesammelte Werke 4*. Berlim: Dietz Verlag, 1987.

LUXEMBURGO, R. A crise da social-democracia. In: *Textos escolhidos*. V. II. São Paulo: Editora Unesp, 2011; 2.ed.: 2017.

MAYER, A. J. *A força da tradição*: a persistência do Antigo Regime. São Paulo: Companhia das Letras, 1987.

MARX, K. Zur Kritik der Hegelschen Rechtsphilosophie Einleitung. In: MARX, K., ENGELS, F. *Ausgewahlte Werbe*. Berlin: Dietz Verlag, 1975, v.1.

_____. *O capital*. São Paulo: Abril Cultural, 1983. v.1.

MENDES DE ALMEIDA, A. *A República de Weimar e a ascensão do nazismo*. São Paulo: Brasiliense, 1982.

MICHELS, R. *Sociologia dos partidos políticos*. Brasília: Editora Universidade de Brasília, 1982.

MOORE JR., B. *Injustiça*: as bases sociais da obediência e da revolta. São Paulo: Brasiliense, 1987.

MÜLLER, R. *Geschichte der Deutschen Revolution*: Die Novemberrevolution. Berlim: Olle & Wolter, 1979. v.2.

NETTL, J. P. *La vie et l'oeuvre de Rosa Luxemburg*. Paris: Maspero, 1972.

PEUKERT, D. J. K. *La République de Weimar*: Années de Crise de la Modernité. Paris: Aubier, 1995.

POHL, K. H. Obrigkeitsstaat und Demokratie: Aspekte der "*Revolution*" von 1918/19. In: HETTLING, M. (Org.). *Revolution in Deutschland?*: 1789-1989. Göettingen: Vandenhoeck & Ruprecht, 1991.

REIS FILHO, D. A. *A Revolução Alemã*: mitos e versões. São Paulo: Brasiliense, 1984.

RITTER, G. A., MILLER, S. (Org.). *Die Deutsche Revolution 1918-1919*: Dokumente. Frankfurt: Fischer, 1983.

ROSENBERG, A. *Entstehung und Geschichte der Weimarer Republik*. Frankfurt: Europäische Verlagsanstalt, 1983.

SCHEIDEMANN, P. *L'effondrement*. Paris: Payot, 1923.

SCHORSKE, C. E. *German Social-Democracy*: 1905-1917. Londres; Massachusetts: Harvard University Press, 1983.

SCHWARZ, A. Die Weimarer Republik. In: BRANDT; MEYER; JUST (Orgs.). *Handbuch der deutschen Geschichte*, v.4/III, Konstanz, 1958; Frankfurt, 1964.

THOMPSON, E. P. *A formação da classe operária inglesa*. Rio de Janeiro: Paz e Terra, 1987. v.1.

TOLLER, E. *Eine Jugend in Deutschland*: 1933. Munique: Rowohlt, 1990. Trad. bras.: *Uma juventude na Alemanha*. São Paulo: Mundaréu, 2015.

WEBER, H. Vorwort. In: BAYERLEIN, B. H.; BABICENKO, L. G. et al. (Orgs.). *Deutscher Oktober 1923*: Ein Revolutionsplan und sein Scheitern. Berlim: Aufbau Verlag, 2003.

WEBER, Max. Capitalismo e sociedade rural na Alemanha. In: *Ensaios de sociologia*. Rio de Janeiro: LTC, 2002.

WEBER, Marianne. *Weber*: uma biografia. Niterói: Casa Jorge Editorial, 2003.

WEIDERMANN, V. *Träumer*. Als die Dichter die Macht übernahmen. Colônia: Kiepenheuer & Witsch, 2017.

WINKLER, H. A. Eduard Bernstein und Die Weimarer Republik. In: BERNSTEIN, E. *Die Deutsche Revolution von 1918/19*. Bonn: J. H. W. Dietz Nachfolger, 1998.

_____. *Histoire de l'Allemagne XIXe–XXe siècle*: Le long chemin vers L'Occident. Paris: Fayard, 2005.

SOBRE O LIVRO

Formato: 10,5 x 19 cm
Mancha: 18,8 x 42,5 paicas
Tipologia: Minion 10,5/12,9
Papel: Off-white 80 g/m^2 (miolo)
Cartão Supremo 250 g/m^2 (capa)
1ª edição Editora Unesp: 2005
2ª edição Editora Unesp: 2020

EQUIPE DE REALIZAÇÃO

Edição de texto
Richard Sanches (Copidesque)
Nair Hitomi Kayo (Revisão)

Editoração eletrônica
Sergio Gzeschnik (Diagramação)

Projeto visual
Ettore Bottini

Ilustração de capa
Willy Römer, janeiro de 1919.
Trabalhadores e soldados atrás de barricada
de bobinas de papel-jornal da Mossehaus,
na Schützenstrasse

Assistência editorial
Alberto Bononi